이런 세상에서 지혜롭게 산다는 것

이런 세상에서 지혜롭게 산다는 것

채정호 지음

✦
✦

불확실한 상황 속
흔들리지 않고 나를 지키는 힘

한 그루의 나무가 모여 푸른 숲을 이루듯이
청림의 책들은 삶을 풍요롭게 합니다.

= 머리말 =

매일 조금씩
더 지혜로워지는 삶을 위해

'지혜'라는 말을 들으면 어떤 생각이 드는가? 철학적이고 현학적이며 나와는 별 상관이 없고, 현인이나 위인만이 가지고 있을 것 같은 희귀하고 고매한 가치가 떠오르는가? 이렇듯 우리가 지혜를 접해온 것은 대부분 형이상학적인 개념으로서였다. 《성경》에 나오는 '지혜'라는 말을 '예수님'으로 바꾸어서 읽어도 뜻이 통한다고 할 정도로, 보통 사람들은 지혜를 가지기 어려운 보물 같은 것으로 이해하고 있다.

그러나 본연의 지혜는 흔히 사람들이 생각하는 것처럼 철학적이거나 공중에 붕 떠 있는 모호한 개념이 아니다. 우리가 살면서 겪는 모든 실제적인 문제에 지혜가 연관되어 있다. 사는 것이 불행하다면 지혜롭지 못해서이며, 삶이 행복하다면 지혜롭기 때문이라고 해도 무방하다.

인생을 잘 사는 방법은 지혜롭게 사는 것밖에 없다. 지혜를 〈반지의 제왕〉에 나오는 간달프 같은 현인이나 깊은 산 속에 있는 신선에게서나 얻을 수 있는 것이지, 비루한 현실에서 복닥거리며 살아가는 우리와는 상관없는 것처럼 여기는 사람이 많지만 지혜는 철학 책이나 윤리 교과서에 박제되어 있는 것이 아니다. 삶의 어느 순간이나, 바로 지금도 끊임없이 활용되어야 하는 것이다. 지혜가 없다면 인간답게 제대로 사는 것이 아니다. 우리는 지혜 없이는 잘 살 수 없다.

이 책은 지혜에 대한 교과서나 학술서가 아니다. 그렇다고 나 자신이 지혜에 대해서 생각하고 있는 것을 그대로 쓴 수필집도 아니다. 그러다보니 글을 쓰면서 많이 힘들었다. 말하자면 새로운 장르를 개척한 셈인데, '퓨전'이라는 것이 원래 첫 시도를 하는 사람에게는 쉽지 않은 도전이라 나 역시 이 책을 집필하면서 학술적인 내용도 포기하기 어렵고, 누구나 알기 쉽게 쓰는 것도 내려놓기 아까워하다 보니 절충형을 선택할 수밖에 없었다. 학구적이면서도 쉽고 재미있게 써보려고 했는데 그리 학술적이지도, 그리 쉽지도 재미있지도 않은 책이 되었을까 봐 걱정스럽다. 그러나 원래 지혜에는 그런 면이 있다. 상당히 철학적이고 과학적인 면이 있는 반면에, 실증적이고 실제적이며 삶의 현장에서 효력이 발휘되기도 한다. '세상에는 다면적이고 다층적인 요소가 있다'는 것을 파악하는 것도 지혜이므로 여러분이 이 책을 읽으면서 터득한 지혜를 발휘하여 먹락을 잘 짚어주면 좋겠다.

지혜에 대한 책을 쓴다고 할 때 "그러는 너는 얼마나 지혜로워서?"라고 다른 사람들이 비웃지 않을까 하는 걱정도 들었다. 사실 정신건강의학과 전문의나 대학교수라고 해서 모두 지혜로운 사람은 아니다. 어떤 학문을 전공했다고 해서 해당 분야의 문제를 다 해결하는 것은 아니다. 안과 의사도 눈이 나빠서 안경을 쓸 수 있고, 치과 의사도 임플란트를 해야 하는 수가 있다. 정신과 의사라고 결코 더 지혜로운 것은 아닐 것이다. 오히려 일반인이나 진료받는 환자보다 덜 지혜로울 수도 있다.

그러나 분명하게 말할 수 있는 것은 나 자신이 지혜를 공구하고 정리하기 시작하면서, 확실히 이전보다 더 지혜로워졌다는 점이다. 내가 남보다 더 지혜로워서 이 책을 쓰는 것이 아니라, 지혜를 알아갈수록 이전보다 더 지혜로워진다는 것을 체험했기 대문에 말할 수 있다. 인생은 짧고 예술은 길다. 그러나 인생을 잘 사는 것은 예술이다. 잘 산 인생은 그 어떠한 예술보다 감동적이고 아름답다. 인생을 사는 데는 자신의 작품을 위하여 모든 것을 쏟아내는 예술가보다 더한 노력이 필요하다.

삶은 결코 평탄하거나 만만하지 않다. 우리는 모두 살면서 좌절, 실패, 고난, 고독, 상실, 죽음을 맛볼 수밖에 없다. 그런 삶을 잘 살아간다는 것은 여간해서 쉽지 않다. 그래서 예술가가 반복해서 연습하며 새로운 작품을 완성하기 위해 나아가듯이 우리에게도 연습이 필요하다. 삶을 잘 살기 위한 연습에 꼭 필요한 것이 '지혜'다.

안타깝게도 인생은 딱 한 번 사는 것이기에 연습하기가 쉽지 않다. 이 책이 삶을 잘 살아가는 데 유용한 과외 교재나 낯선 길을 안내해주는 내비게이션 같은 역할을 할 수 있으면 좋겠다.

이 책을 읽는다고 우리의 삶이 당장 대단한 예술 작품같이 아름답거나 훌륭해지지는 않을 것이다. 내가 직접 체험함으로써 말할 수 있는 것은 이 책에서 말하는 지혜로운 삶을 살기 위한 지침을 따라 반복해서 연습하고 잘하지 못했던 부분을 보완한다면 적어도 이전보다는 훨씬 아름답고 근사한 진짜 자신의 삶을 살 수 있다는 것이다.

차례

머리말 매일 조금씩 더 지혜로워지는 삶을 위하 … 5

1장 | 이런 세상에 왜 지혜가 필요할까

누가 지혜로운 사람인가 … 15
지혜란 무엇인가 … 17

2장 | 지혜를 어떻게 얻을 수 있을까

지혜는 언제 필요한가 … 39
특별히 더 지혜로운 사람이 있을까 … 42
지혜를 습득하는 방법 … 44

3장 | 지혜의 7가지 구성 원리

원리 1. 지혜의 기본은 지식이다
알되, 무엇을 아는지 모르는지 알고, 계속 업데이트하라 ··· 53

원리 2. 지혜는 맥락적이다
언제이고, 어디에 있느냐, 어떤 상황이냐에 따라 달라진다 ··· 63

원리 3. 지혜는 상대적이다
각자 다 다를 수 있고, 당신만이 세상의 중심이 아니다 ··· 75

원리 4. 지혜는 불확실한 것을 견디는 것이다
확실하지 않은 것을 견뎌라 ··· 87

원리 5. 지혜는 장기적인 안목을 갖추는 것이다
길게 보라 ··· 95

원리 6. 지혜는 겸손함과 고요함과 마음챙김의 태도를 갖추는 것이다
더 큰 차원이 있다는 것을 알아차려라 ··· 104

원리 7. 지혜는 공감하고 수용하는 것이다
공감하고 있는 그대로 받아들일 줄 알아야 한다 ··· 112

4장 | 7가지 원리를 이용한 지혜 훈련

지혜 훈련 1. 지식을 쌓는다 ··· 123

지혜 훈련 2. 맥락을 높인다 ··· 143

지혜 훈련 3. 상대성을 높인다 ··· 161

지혜 훈련 4. 불확실성을 견딘다 ··· 180

지혜 훈련 5. 길게 본다 ··· 192

지혜 훈련 6. 더 큰 존재를 인정한다 ··· 204

지혜 훈련 7. 공감하고 수용한다 ··· 218

5장 | 일상의 문제를 지혜로 해결하기

지맥상불장큰공 ·· 247

맺음말 인생의 문제를 해결하는 지혜의 힘 ·· 260

1장

이런 세상에
왜 지혜가 필요할까

삶은 고통스럽고 고난이 있을 수밖에 없다.
지혜는 그런 삶을 사람답게 살게 해줄 수 있는 유일한 것이다.

누가 지혜로운 사람인가

예수, 소크라테스, 붓다, 공자, 솔로몬, 간디, 프란치스코 교황, 마틴 루서 킹, 오프라 윈프리, 윈스턴 처칠, 달라이 라마, 넬슨 만델라, 엘리자베스 여왕······.

이 명단의 공통점은 무엇일까? 위인, 성인, 유명한 사람, 지도자 등 여러 답이 나올 수 있다. 사실 이 목록은 미국의 대학생들에게 지혜롭다고 생각하는 사람들을 이야기해달라는 질문을 했을 때 나온 명단이다. 우리나라에서도 같은 질문을 했다면 아마 세종대왕, 율곡 이이, 퇴계 이황, 이순신 장군 등이 나왔을 것이다.

그런데 돌아가신 과거의 위인 말고 현재 살아있는 사람 중에서 지혜로운 사람을 말하라고 하면 어떨까? 물론 개인적으로야 돌아가신 할머니, 초등학교 때 선생님, 이웃집 아저씨 등이 생각날 수 있지만 누구나 알 만한 유명한 사람 중에서 '이 사람은 정말 지혜로운 사람이야'라고 할 만한 이가 떠오르지 않는 것이야말로 이 시대의 비극이다. 정치인, 경영인, 유명인, 교수 등 갸우뚱거리며 찾아보아도 '아, 이 사람이다!' 할 만한 사람은 그리 많지 않다.

잘은 모르지만 좀 근사해 보이던 유명인이 온갖 추문이나 비리에 엮이는 것을 보고 실망하고 '이 세상에 믿을 놈 없다'라는 믿음을 다지게 된다. 오죽하면 전 국민을 앞에서 이끌었어야 할 전직 대통령들조차도 구속되어 옥살이를 하고 있는 실정이다. 괜찮아 보이던 사람도 청문회 같은 것을 통하면 전혀 다른 면이 드러나기도 한다.

지혜는 타고난다기보다는 후천적으로 배워나가는 요소가 많다. 그런데 배울 만한 대상, 모델로 삼을 만한 지혜로운 리더가 없으니 따라 배우지를 못해서 지금 세상이 이렇게 혼돈스러운 것인지도 모르겠다.

지혜란 무엇인가

위인들 이름을 나열해보니 지혜로운 사람이 대략 누구인지는 알 것도 같은데 '과연 지혜를 어떻게 정의할 것인가?'라고 이야기를 시작하면 대답하기가 어려워진다.

〈표준국어대사전〉에 의하면 지혜란 다음과 같은 뜻을 가지고 있다.

1. 사물의 이치를 빨리 깨닫고 사물을 정확하게 처리하는 정신적 능력.

2. (불교) 제법諸法에 환하여 잃고 얻음과 옳고 그름을 가려내는 마음의 작용으로서, 미혹을 소멸하고 보리菩提를 성취함.
3. (기독교) 하나님의 속성 가운데 하나. 히브리 사상에서는 지혜의 특성을 근면, 정직, 절제, 순결, 좋은 평판에 대한 관심과 같은 덕행이라고 본다.

이렇게 주요 종교의 개념에서도 제일 중요한 것을 지혜로 여기고 있다. 이처럼 지혜는 역사적으로 인류가 존재하면서부터 함께 만들어진 개념이다.

문제는 이 '개념'이라는 것이다. 개념은 눈에 보이지도 않고 만질 수도 없다. 그냥 상상을 통해서 또는 은유를 통해서 사람들끼리 이해할 수 있도록 나누는 형태다. 그러니 개념을 다른 사람에게 전달하는 것은 매우 어렵다.

동서양 고대철학에서 정의한 지혜

서양 철학의 두 근간인 헤브라이즘과 헬레니즘 모두 지혜를 아주 중요하게 여겼다. 하나님을 믿는 헤브라이즘에서는 하나님 말씀

이 유일한 지혜다

《성경》에서 지혜로운 사람의 대명사로 여겨지는 솔로몬은 구약 〈열왕기상〉 3장에서 하나님이 나타나 "내가 네게 무엇을 줄꼬 너는 구하라"라고 하자 "누가 주의 이 많은 백성을 재판할 수 있사오리까 '듣는 마음'을 종에게 주사 주의 백성을 재판하여 선악을 분별하게 하옵소서"라고 했다. 그랬더니 하나님이 무척 기뻐하며 "자기를 의하여 장수하기를 구하지 아니하며 부도 구하지 아니하며 자기 원수의 생명을 멸하기도 구하지 아니하고 오직 송사를 듣고 분별하는 지혜를 구하였으니 내가 네 말대로 하여 네게 지혜롭고 총명한 마음을 주노니"라고 하셨다.

이 맥락에서 보면 지혜는 '듣고 분별하는 것'이라고 이해할 수 있다. 지혜 있는 사람을 잘 듣고 분별력 좋은 사람으로 본다면 이 정의는 상당히 설득력이 있다.

인류 철학의 다른 한 축인 헬레니즘의 고대 그리스 철학자들은 논리적으로 지혜를 정의하고 논의하고자 했다. 철학^{Philosophy}이라는 말 자체를 '지혜^{Sophia}를 좋아하는^{Philo} 행위'라고 지었을 정도였다. 서양 철학의 대부 소크라테스도 "인간의 미덕 가운데 가장 중요한 것이 지혜이며 이것은 타고나는 것"이라고 했다. 플라톤은 "지혜, 즉 소피아를 통해 세상을 지배해야 한다"라고 했고, 아리스토텔레스는 "참되고 기쁘고 완전한 경지인 유데모니아 Eudaimonia의 삶을 살기 위해서는 지혜가 꼭 그 사람을 지배해야 한다"라고 했다.

동양에서도 지혜에 대한 담론은 역사 이후에 계속되었다. 불교에서는 인간의 모든 고뇌는 무지, 애욕, 집착에서 일어나므로 바른 견해를 견지하는 정견正見, 바른 의지를 견지하는 정사正思, 바른 언어적 행위를 견지하는 정어正語, 바른 신체적 행위를 견지하는 정업正業, 바른 생활법을 견지하는 정명正命, 바른 노력을 견지하는 정정진正精進, 바른 의식을 견지하는 정념正念, 바른 정신통일을 견지하는 정정正定을 통해서 해결해야 한다고 본다. 이러한 계율과 선정의 수련을 통해 높은 정신적 차원에서 얻어지는 종교적 예지가 바로 지혜이며 이것을 바로 깨우친 자가 부처가 된다고 했다.

조선 시대, 500년을 지배했던 유교에서도 인간은 본래 인의예지仁義禮智의 본연지성과 기질지성인 칠정七情, 즉 희노애구애오욕喜怒哀懼愛惡慾을 동시에 지니고 태어나는데 어려서부터 인仁을 잘 키워 이기적 욕망을 극복하고 도덕적 수양의 조화로움을 이루는 극기복례위인克己復禮爲仁, 기소불욕己所不慾, 물시어인勿施於人, 지어인至於仁이 되는 것, 즉 자신을 극복하고 예를 회복한 사람을 지혜로운 사람이라고 했다.

 그러나 인간이 행복에 이르는 길이나 최조의 삶을 위한 방법을 이야기하던 시절의 철학자가 해온 조언이 현대로 들어서면서 오직 기술적 진보에만 매달리게 된 사람들 귀에 들리지 않게 되고 점점 먼 나라 얘기가 되어버렸다. 사람들은 통찰보다 현찰을 좋아하게 되었다. 지혜로운 사람이 되는 것보다 많이 알고 많이 얻고 많이 버는 사람이 되는 것이 중요해졌다. 자본주의가 세상의 주류가 되면서 지혜는 구식이고 고리타분하고 쇠락한 가치로 여겨지고 있다.

심리학이 바라본 지혜

사람의 마음같이 눈에 잘 보이지 않는 것을 정량적이고 과학적으로 접근하는 학문인 심리학에서도, 지능을 측정하는 지능 검사는 장족의 발전을 거두며 여러 가지 객관적인 검사 방법이 나왔지만 지혜를 측정하는 검사는 거의 없다. 가까운 정신과나 심리상담실에 방문해서 지능 검사를 해달라고 하면 쉽게 해주겠지만, "지혜를 측정해주세요"라고 하면 매우 이상한 사람 취급을 당할 것이다.

사실 지혜로운 사람을 무엇으로 어떻게 평가할 것인가에 대한 기준을 찾는 것이 어렵다보니 과학적이고 실증적인 것을 중요시하는 심리학 학문의 풍조상 더욱 다루기 어려울 수밖에 없었다. 초창기 학자인 그랜빌 스탠리 홀 Granville Stanley Hall 은 사람은 "나이가 들면서 청년 때와는 달리 덜 자기중심적이 되고, 더 여유로울 수 있고, 일의 큰 맥락을 파악하고 의미를 더 잘 이해할 수 있게 된다"고 했는데 이것이 지금 파악하고 있는 지혜의 원형의 핵심에 가장 가까이 갈 수 있는 주장이었다. 그러나 당시에는 정확한 계량이 가능한 것을 다루는 조류만이 인기를 끌던 시절이었기에 이런 방식의 접근이 어려운 지혜는 심리학의 주 연구 대상이 될 수 없었다.

이후 심리학에서 무의식의 과정을 중시하게 되는 정신분석학이 큰 유행을 하면서 무의식 속에 있는 큰 갈등과 충동, 본능 등에 주로 관심이 기울었고 지혜는 더 먼 이야기가 되었다. 결국 지혜는 심리학의 주류와는 완전히 멀어져버렸다.

그러나 지혜는 인류 역사상 가장 오랫동안 중요하게 여겨온 개념이었기에 지혜를 추상적인 개념에서 끌고 내려와서 과학적이고 객관적으로 정의하고 찾아보려는 노력이 시작되었다.

에릭 에릭슨Erik H. Erikson은 "관계하지 않는 것에 열중하는 것"이라는 무엇인지 알기 어려운 모호한 말을 하면서, "삶이라는 것이 특정 방향으로 가야 한다는 요구로부터 떨어져 나와 삶을 사는 이가 지혜로운 사람"이라는, 약간 엉뚱하지간 조금만 깊게 생각해 보면 아주 그럴듯한 말을 했다. 그의 유명한 발달단계 이론에 의하면 생애 각 단계마다 일어나는 특정한 갈등이 있고 그 갈등을 해결하는 것은 매우 중요한 과제다. 청소년기에는 부모에게 독립을 해야 하는 과제가 있고, 성인기에는 성취를 해나가며, 노년기에는 삶 전체를 돌아보며 자신의 삶 속에서 내재된 의미를 찾아야 하는 과제가 있다. 이렇게 평생의 발달 단계 동안 내면의 자아와 잘 맞추어 살아온 사람만이 나이가 들어 평온하게 돌아보면서 자신의 삶을 긍정하고 죽음을 받아들이는 지혜의 경지에 이를 수 있다는 말이다. 즉 아름다운 노년을 맞이하기 위해서는 삶의 각 발달단계에 지혜를 발휘해 당면한 과제를 잘 풀어야 한다. 데어드레이 크러이머Deirdre A. Kramer는 "삶의 조건과 인간사에 대한 예외적으로 넓고 깊은 지식"라는 더 분명한 말로 지혜를 정의했다.

지혜의 학문화가 꽃을 피우기 시작한 것은 1980년 이후인데 이 시점에 독일 베를린의 막스플랑크교육연구소에 생애발달심리연구센터가 개소했다. 이곳의 책임자인 파울 발테스Paul Baltes는 지혜를 단순히 이론 속에만 머물지 않고, 특정 분야의 전문 지식으로 정의해 실제 연구가 가능하도록 만든 대가다. 그는 지혜를 "복잡하고 불확실한 인생의 일과 마주했을 때 비범한 통찰, 판단, 조언이 가능하도록 하는 삶의 기본적 실제의 전문적 지식 체계"이며 "인생의 의미와 관련된 중요하고 어려우면서도, 불확실한 질문에 대한 전문적 지식과 판단"이라면서 지식과 덕성이 통합되어야 하는 것이라고 정의했다. 학자들의 이야기는 늘 그렇듯 멋있는 듯한데 도대체 무슨 말인지 모르겠다는 공통점이 있다. 그래도 일단 방향을 정하기 위해서는 학자들이 정리한 내용을 보는 것이 도움이 될 때가 있다.

발테스의 정의를 조금 더 간략하게 풀어보면 지혜는 '삶의 기초 이론에 대한 전둔 지식'이다. 삶이 무엇인지를 잘 아는 사람이 지혜로운 사람이란 말이다. 지혜로운 사람들은 살아가는 내내 인간 존재와 관련한 본질적 문제에 심취해 있으며 자신의 경험과 다른 사람의 경험을 잘 탐구한다. 그를 통해서 사람마다 그 경험과 태도, 삶의 모습이 얼마나 다른지 잘 이해하고, 사람들이 같은 상황에 대하여 얼마나 다르게 경험하는지도 잘 이해한다. 그리고 그런 차이에도 불구하고 사람들의 공통점이 얼마나 많은지도 안다. 지혜로운 사람들은 삶의 위기나 갈등을 어떻게 극복할 수 있는지 또 그때 무엇이 중요한지를 깨닫는 것이 얼마나 어려운지도 알지만 그것을 어떻게 발달시킬 수 있는지도 터득한다고 한다. 즉 지혜로운 사람은 삶에 대해서 풍부한 지식을 갖고 있으며, 행복하게 사는 방법을 터득한 사람이라고 할 수 있다.

발테스 학파가 다룬 '베를린 지혜 패러다임 연구'가 자극이 되어서 여러 학자가 모여 만든 연구팀은 지혜를 철학적인 수준에 놓아두지 않고, 실증적인 학문의 대상으로 만들어 갔다.

미국의 심리학자 모니카 아델트Monika Ardelt는 "지혜는 추상적인 지식이 아니라 인간 내부에서 실제로 발달한 총체적 특성으로, 자신의 문제를 알아차리고 극복하려는 개인의 노력에 따라 발달할 수 있다"고 했다. 그녀는 지혜로운 사람은 지식뿐 아니라 인간에 대한 깊은 이해와 깨달음에 대한 욕구가 있다고 했다. 또 자신에 대해 비판적으로 질문할 능력을 갖추고 있고 무엇보다 성격적으로 타인에 대한 공감적 사랑을 보이는 사람을 지혜롭다고 했다.

마이클 레벤슨Michael Levenson은 자신을 객관적으로 바라보는 자기 초월성을 지혜를 이루는 중요한 성향 중 하나로 보았다. 그는 외부의 생각과 관계없이 자신을 비판적으로 탐구하면서 그 비판적 사고를 받아들이고 자신의 약점과 강점을 모두 받아들일 수 있는 사람을 지혜롭다고 말한다.

지혜의 여러 의미

이처럼 현대 심리학에서 주장하는 공통적인 요인을 뽑아서 말하면 '지혜롭다^{Wise}'는 말은 '무엇이 옳은지 또는 적절한지를 제대로 판단할 수 있고, 이에 따라 행동할 자세가 되어 있다. 어떤 목적을 달성하기 위해 최선의 수단을 지각하고 채택할 수 있다. 훌륭한 분별력과 세심함을 보인다'라는 뜻으로 정리된다. 그래서 지혜^{Wisdom}라는 말은 '삶과 처세에 관련한 문제에서 올바르게 판단하는 능력, 수단과 목적의 선택에서 나타나는 건전한 판단, 실제적인 문제에서 나타나는 건전한 분별력'을 이르는 말로 정의한다.

지혜란 '중요하면서도 불확실한 삶의 문제들에 대한 훌륭한 판단과 조언' 정도로 간단히 말할 수 있다. 좀 복잡하게 말하면 '삶의 근본 운영술 영역에서 발휘되는 전문 지식 체계로, 인간 발달과 인생에 대한 비범한 통찰, 삶의 어려운 문제들에 대한 매우 뛰어난 판단, 조언, 비평으로 나타난다' 정도로 이해하면 좋다.

즉 지혜란 인생을 살다가 어려운 문제를 만났을 때 어떻게 대처하느냐를 결정하는 것이다. 따라서 지혜로운 사람은 어려운 문제를 만나서도 가장 적절하게 잘 넘어가는 사람이고, 지혜롭지 못한 사람은 그럴 때 잘 처신하지 못해서 삶을 꼬이게 만드는 사람이다.

다시 말해 지혜는 지혜로운 현자나 신이 가지고 있어야 하는 것이 아니라, 사람이라면 누구나 가지고 있어야 하는 기초적인 삶의 문제에 대한 전문적 지식 체계다. 인생을 살아가는 계획을 세우고 실제로 운용하는 능력이며, 풀기 어려운 삶의 상황이나 어려운 문제를 만났을 때 대처하는 방법이다.

아직도 복잡한가? 그러면 지혜는 '삶에서 풀기 어려운 문제를 대처하는 능력'이라고 아주 짧게 정의해보자. 우리 인생에는 정말 많은 문제가 있다. 그 중 어떤 것은 변화, 즉 바꿈으로써 해결될 수 있고, 어떤 것은 도저히 바꿀 수 없기에 그대로 수용, 즉 받아들여야 살 수 있다. 이렇게 변화와 수용을 구분할 수 있게 해주는 것이 지혜다. 이처럼 지혜는 있으면 좋고 없으면 그만인 것이 아니라 사는 데 필수적인 요소이다. 즉 지혜로운 사람은 잘 살 수 있고 지혜롭지 못한 사람은 사는 것이 힘들 수밖에 없다.

살면서 만나는 크고 작은 선택의 순간

'삶에서 풀기 어려운 문제'란 어느 특별한 사람에게 생기는 것이 아니다. 누구에게나 벌어질 수밖에 없다. 이를테면 누구나 가족이 있을 것이다. 지금 가족이 하나도 없다고 하는 사람도 언젠가는 가족이 있었을 것이다. 그런데 그 가족과 헤어지는 일은 누구에게나 일어난다. 부모님이 계시는가? 그 부모님과도 언젠가는 헤어져야 한다. 죽지 않고 영생하는 사람은 없다.

　돌아가시기 이전에도 분가를 하거나 이민을 가거나, 다른 지방으로 이주를 해서든지 어떻든 이별할 수 있다. 행복한 결혼 생활을 하고 있는가? 모든 결혼의 끝은 이혼 아니면 사별이다. 그 외의 길은 없다. 결국은 헤어져야 한다. 자녀와 같이 지내는 것이 좋은가? 대개는 자신이 먼저 죽겠지만, 끔찍한 경우에는 자녀를 앞세울 수도 있다. 자식 먼저 보낸 부모의 슬픔이 클 수밖에 없는 것도 도저히 받아들일 수 없는 일이 벌어졌기 때문이다. 죽지는 않더라도 자녀와 헤어져 살아야 하는 것은 당연지사이다. 가족이 아니더라도 친구든 애인이든 친척이든 살아서 헤어지거나 결국 그렇지 않다면 사별로 헤어져야 하는 것이 인생이다. 이것을 '쉬운 문제'라고 할 수 있는가?

사별이든 이별이든, 사랑하던 사람과 헤어지는 것은 정말 녹록한 문제가 아니다. 정작 헤어지지는 않더라도 결혼 생활을 하다보면 부부 사이의 갈등이나 문제가 얼마나 많은가? 그 문제를 잘 풀어내는 것이 쉬운 일인가? 자녀를 키우다 보면 그 자녀와의 갈등이 얼마나 많은가? 중2병과 사춘기를 독하게 겪고 있는 자녀를 잘 감당할 수 있는가? 입시를 힘겨워하고 마음에 들지 않은 학교를 다녀야 하는 자녀를 어떻게 위로하고 잘 지낼 수 있을 것인가? 취업하지 못하고 자신의 삶을 잘 살지 못하고 있는 자녀를 어떻게 대해야 하는가?

살면서 심한 사고를 당할 확률은 거의 10퍼센트에 육박한다. 미국 통계에 의하면 약 50퍼센트 이상의 사람들이 평생 살면서 인생을 바꿀 만한 트라우마를 겪는다고 한다. 조금 넓게 보면 내 자신이, 내 배우자가, 내 가족이 심한 질환에 걸릴 확률은 100퍼센트라고 보는 것이 맞다. 어차피 우리 모두 죽을 수밖에 없다면 그 이유는 사고가 아니라면 질환일 것이고, 사고를 당하지 않았다면 시간 문제일 뿐이지 결국 누구나 심각한 질환에 걸리고야 말 것이다. 일상생활을 하면서 누구나 관계상의 어려움이 있을 것이고, 직장을 다니면 직무 스트레스가 괴롭힐 것이며, 직장을 다니지 못하면 실직과 경제적 곤란이라는 심한 스트레스를 만나야 한다. 살다 재수가 없으면 범죄의 피해자가 될 수 있고, 억울한 누명을 쓸 수도 있다. 정말 운이 좋아 아무런 일도 벌어지지 않는다면 그 지루함 자체도 스트레스가 된다.

간단하게 말해 살면서 필수적으로 겪어야 하는 재정적인 문제, 성공의 문제, 건강의 문제, 관계의 문제…… 이 모든 문제가 우리가 풀어야 하는 것이다. 이런 것을 잘 풀 수 있도록 해주는 것이 바로 지혜다.

살면서 겪는 일상적인 문제뿐만 아니라 살아야 하는 이유나 인간의 기본적인 깊은 문제에 대해서도 대처하는 것이 지혜다. 하이데거는 인간은 '던져진 존재', 즉 실존적인 고통을 겪을 수밖에 없는 존재라고 했다. 그렇기 때문에 인간은 늘 '이렇게 사는 것이 맞나?'라는 질문을 한다. 이런 본질적인 고통과 대면할 때 작동해야 하는 것이 바로 지혜다.

지혜는 배울 수 있고 키울 수 있다

결정하기 어려운 문제를 만났을 때 어떻게 해야 하는가? 결혼 생활을 하면서 배우자가 외도했다는 사실을 알게 되었을 때 어떻게 할 것인가? 연애하고 있는 사람과 결혼할 것인가? 이 직장을 선택할 것인가? 아니면 이 직장을 떠날 것인가? 학교를 휴학하겠다는 자녀를 말려야 할 것인가? 이럴 때 지혜가 필요하다.

일상생활에서도 늘 지혜가 작동해야 한다. 오늘은 사업에서 중요한 바이어를 만나기로 어렵게 약속을 잡은 날이다. 마침 아이가 심한 열이 나서 끙끙댄다. 아무도 봐 줄 사람이 없다. 아이를 데리고 병원에 갈 것인가, 바이어 미팅을 갈 것인가? 바이어와 정말 어렵게 약속한 것이고 이번 기회를 놓치면 회사는 어려워질 것 같다. 아이가 열이 나는 것이 심각한 정도가 보통이 아닌 것 같고, 의식도 점점 아득해지는 것 같다. 그 어떤 가족과도 연락이 되지 않는다. 가벼운 선택을 하는 것은 그리 어렵지 않지만, 아주 중요한 선택의 순간에서 필요한 것이 지혜다.

우리는 막상 실생활에서 쓰여야 하는 지혜를 파악하거나 지혜가 필요한 순간에는 지혜로운 선택을 하지 못한다. 지혜는 타고나는 것이라고 생각하고, 배울 수 있고 교육으로 높일 수 있다는 생각을 잘 하지 못했다. 그래서 이 책은 지혜를 자세히 나누어보고자 한다. 모호하고 형이상학적인 느낌이 드는 지혜를 좀 더 내 삶에 가깝게 있어야 하는 것으로 가져오고자 한다.

이 책의 목표는 책을 읽기 전보다 자신이 조금 더 지혜로워졌구나 하는 마음으로 책을 덮도록 만드는 것이다. 지혜는 늘리고 높여야 한다. 게다가 요즘은 과학의 힘으로 지혜를 증진할 수 있는 방법도 알려져 있다. 우리에게 필요한 것이고 지혜로워질 수 있는 방법이 분명히 있는데 그것을 익히지 않는 것은 '지혜롭지 못한 일'이다.

지혜가 필요한 순간

《성경》은 어떤 책인가? "이는 지혜와 훈계를 알게 하며 명철의 말씀을 깨닫게 하며"라는 〈잠언〉을 굳이 되살리지 않더라도 하나님을 알고 그의 지혜를 가지고 인생을 살라는 뜻에서 쓰여진 책임을 모두 알고 있다. 《불경》은 생로병사에 매이지 않고 삶의 고통에서 벗어나는 지혜를 가르친다. 이처럼 모든 전통 경전은 삶의 지혜를 가르친다.

인간은 역사적으로 이런 경전에 기반한 삶을 살았다. 기독교 국가에서는 유일무이한 진리인 하나님의 말씀을 중심으로 하나님을 멀리하는 것이 죄이며 그 죄에서 먼 삶을 살도록 했다. 불교 국가에서는 또 하나의 부처, 즉 깨달은 자가 되기 위해서, 유교 국가에서는 참 사람이 되기 위하여 사람의 법도와 윤리를 지키도록 하면서 살도록 했다. 그러다 보니 그 가치를 위해서는 어떻게 살아야 한다는 방법이 있었고 그것만 충실하게 따르면 지혜롭게 살 수 있었다. 물론 그 길을 따르느냐 마느냐 하는 것은 다른 문제이지만 적어도 어떻게 하면 지혜로워지는지에 대한 교본은 있는 셈이었다.

그런데 갑자기 근대화가 되었다. 특히 우리나라와 같은 경우는 전통적으로 가지고 있던 모든 체계가 갑자기 사라지고 완전히 새로운 체제가 자리를 잡으면서 평생 대를 이어 살아오던 가치의 기준이 갈아엎어지고 말았다.

1910년 한일병탄 이후 1945년 광복까지 35년, 또 끔찍했던 6·25 전쟁을 겪고 폐허로 변한 국토가 회복되기까지 10여 년, 1960년대의 경제개발시대가 열리기까지 50년이 걸렸다. 그 뒤로 눈부신 한강의 기적을 이루었지만 OECD 국가 중에서 자살률이 가장 높은 나라가 되기까지, 격동의 현대사 100년을 거치면서 우리나라는 원래 이어오던 전통과 가치관이 모두 뒤바뀌었다.

전 세계에서 단 1세기만에 이렇게 많은 일을 겪고 변화한 나라는 아마 우리나라밖에 없을 것이다. 그러면서 오로지 생존을 위한 악다구니의 삶이 벌어지고 적자생존의 전투적 삶만 남고 말았다.

'왜 사는가', '어떻게 살아야 하는가'보다는 당장 오늘 살아남는 것에 모든 것을 걸고 살아왔다. 삶의 성찰보다는 오로지 현찰을 쫓아 살아왔다. 다행히도 한강의 기적, 세계 10위권의 경제대국, 기술국가로는 살아남았다. 그러나 청년들은 더 이상 성장하지 못하는 우리나라에서 아무런 희망을 보지 못하고 '헬조선'이라 폄하하는 슬픈 나라가 되어버렸다.

누구나 당연히 배워야 하는 것이 지혜였고 그 지혜를 배우는 것이 학업이었다. 그러나 지금 학교에서는 기술만을 가르친다. 물론 살아가는 데는 기술이 필요하다. 그러나 기술로 풀 수 없는 문제도 많다. 우리는 단 한번도 지혜를 배워본 적이 없기 때문에 막상 삶에 어려운 문제가 닥치면 순전히 자기가 가진 능력으로 문제를 해결할 수밖에 없다.

지혜는 문제에 대처하는 능력이다

지혜가 중요하고 좋다는 것은 다 안다. 모두 지혜로운 사람이 되고 싶어 한다. 그러나 막상 지혜로운 사람을 한번 말해보라고 할 때 떠오르는 사람이 없는 것처럼 지혜는 이제 우리의 삶과는 떨어져버린 박제품이 되었다. 아름다운 것은 '예술'이라고 하고, 좋은 것은 '도덕'이라고 하며, 성스러운 것은 '종교'라고 하고, 흥미있는 것은 '과학'이라고 이야기한다. 그래서 이들을 좇아 공부하고 일하고 업으로 살아가는 사람들이 많다. 그러나 지혜는 예술도 도덕도 종교도 과학도 아닌 일상에서 벌어지는 문제에 대처하는 능력이다. 따라서 삶에서 기본적으로 가지고 있어야 하는 것인데, 어느 순간부터 거창하고 넘볼 수 없는 대상으로 여기게 되었다.

지혜는 문제를 푸는 능력이다. 정확히 말하면 문제를 만났을 때 대처하는 능력이다. 그래서 무슨 철학이나 가치관이나 종교가 아니라 일상생활에서 늘 사용하는 것이다. 지금 내가 가진 돈에 어떤 가치를 부여하고 어떻게 사용하느냐 하는 것이 그 사람이 지닌 지혜와 연관된다. '어떤 컴퓨터를 살 것인가', '휴대폰, TV, 심지어 집은 어떻게 살 것인가' 하는 문제도 지혜를 사용하는 일이다. 조금 더 싸고 교통이 불편한 것을 감수할 것인가, 비용이 들더라도 학군이 좋은 곳을 선택할 것인가 이런 모든 문제가 지혜로 결정하는 것이다.

한 발 더 나아가 생각하면 지혜는 문제를 푸는 능력에 머물지 않는다. 지혜가 작동하는 것은 정말 풀기 어려운 문제를 만났을 때이기 때문이다. 그래서 지혜는 문제를 푸는 능력이라기보다는 풀기 어려운 문제에 대처하는 능력이라고 보는 것이 더 정확하겠다.

결국 지혜는 '삶을 제대로 살고 운용할 줄 아는가' 하는 이야기다. 이 책에서 이야기하는 지혜는 개념 위주의 철학보다는 삶에서 벌어지는 현실의 이야기다. 좀 좁혀서 말하면, 책을 보고 공부하는 지적 지능보다는 관계를 맺고 사람들과 살아가는 사회적 지능이고, 사회 속에서 살아가며 일어나는 일에 대처하는 자세라고 할 수 있다. 삶을 살아가고 설계하고 관리하는 가운데에서 나타나는 통찰과 판단이 올바르다면 지혜롭다고 할 수 있다.

2장

지혜를
어떻게 얻을 수 있을까

지혜는 타고날 수도 있지만 계발할 수 있고,
특별한 훈련 방법에 의해 더 지혜로워질 수 있다.

지혜는 언제 필요한가

앞 장에서 지혜는 단순히 쇼핑을 하면서도 활용되는 것이라고 했다. 물건을 살 때뿐 아니라 인생에 걸친 모든 문제를 만났을 때 사용하고 활용해야 하는 것이 지혜다.

경제적으로 여유 있는 배우자를 선택할 것인가, 미남 미녀를 배우자로 정할 것인가, 진정으로 사랑하고 애틋한 마음이 솟아나는 사람으로 정할 것인가, 결혼을 할 것인가, 말 것인가, 자녀를 낳을 것인가, 말 것인가, 몇 명이나 낳을 것인가, 맞벌이를 할 것인가, 가사 일은 배우자와 어떻게 분담할 것인가, 배우자와 의견이 다를 때 어떻게 할 것인가, 집안에 갈등이 있을 때 어떻게 풀 것인가, 직장에서 상사와 곤란을 겪거나 동료들과 어려울 때 어떻게 할 것인가, 승진에서 누락되었을 때, 큰 중책을 맡았을 때, 일을 망쳤을 때, 중요한 사람과의 관계가 틀어졌을 때, 사랑하는 자녀가 말을 듣지 않을 때, 사고를 당했을 때, 사랑하는 사람을 잃었을 때…….

  이 수많은 일, 언젠가 겪을 수밖에 없는 일을 만났을 때 사용하는 것이 지혜다. 오늘도 내일도 매 순간 사용하는 것이 지혜다. 저 멀리 떠가는 구름처럼 추상적인 것이 아니라 지금 당장 오늘의 삶에서 필요한 것이 지혜다.

지혜가 없으면 어떤 일이 벌어지는가

지금 우리에게 벌어지는 여러 문제는 결국 지혜가 부족해서 일어난 것이다. 지혜가 부족하니 자기 고집만 부리다가 관계를 망치고 상처를 주고받는다. 별일 아닌 일에 난리를 부린다. 중요한 순간에 잘못된 판단을 내린다. 욱하고 발끈해서 울화를 다스리지 못하고 성질을 낸다. 남을 비방하고 원수로 만들어간다. 조금만 견디었으면 될 일에 참지 못하고 낭패를 본다. 살인, 방화, 자살, 절도, 강도,

구타 등의 험악한 일도 잘 살펴보면 지혜의 부족으로 나타나는 경우가 많다. 한번 돌아보자. 자녀에게 상처 준 말을 한 것도, 친구들과 사이가 멀어진 것도, 직장에서 잘 못한 일도, '아, 그렇게 하지 말 걸' 하고 후회되는 모든 일도 알고 보면 지혜가 부족해서 벌어진 것이다.'지혜가 부족해 나라를, 회사를, 집안을 다스리지 못하여 패가망신하는 사람이 우리 주변에 너무나 많다.

특별히 더 지혜로운 사람이 있을까

지혜를 공부하며 외국 연구자들과 이야기하면서 가장 많이 의견이 달랐던 부분이 바로 '특별히 더 지혜로운 사람이 있을까?'라는 질문에 대한 논쟁이었다. 외국 학자들은 직업적으로 조금 더 지혜로운 사람이 있다고 주장했다. 예를 들면 판사, 교사, 교수, 정신과 의사, 심리학자, 상담자, 목회자 등이 더 지혜롭다고 주장했다. 그러나 나는 이런 식견에 동의하기 어렵다. 나 역시 정신과 의사이기는 하지만 '내가 과연 다른 사람보다 더 지혜로울까' 하는 의문도 들고, 언론 매체를 통해서 본 이런 직업을 가진 사람들이 친 사고가 너무 많이 떠올랐다. 물론 사고를 내면 안 될 것 같은 사람들이 치는 사고라서 더 보도가 많이 되기도 하겠지만 '과연 사회에서 이들을 믿을 만한가'에 대한 의심이 들었다. 세상의 수많은 리더가 추문에 휩싸이고 오죽하면 "목사만 예수 믿으면 세상이 바뀔 것 같다"는 말도 나올 정도다. 정신과 의사나 상담사 중에서도 소속 학회에서 제명을 당하거나 성추행 가해자가 되는 사람이 나오기도 하니 도저히 동의할 수 없었다.

어떻든 이런 직업은 사람들의 이야기를 많이 접하기에 조금만 노력한다면 다른 직업을 가진 사람들보다 지혜로워질 가능성은 있다. 그러나 이런 직업을 가지고 있다는 것만으로 지혜롭다고는 할 수 없다. 비슷한 것이 나이다. 나이가 들면 기본적으로 경험과 지식이 많아지기에 지혜로워질 가능성이 높아진다. 그러나 나이가 든다고 자동으로 더 지혜로워지는 것은 아니다. 자칫하면 완전 옹고집에 꼰대가 될 가능성이 많다. 결국 직업이나 나이 등의 외적인 것보다는 얼마나 지혜로워지기 위해서 노력하느냐가 더 중요하다고 할 수 있다.

지혜를 습득하는 방법

지혜에 관한 오해 중 하나는, 지혜는 타고나는 것이라는 생각이다. 어떤 사람은 지혜롭고 어떤 사람은 지혜롭지 않기에 그냥 선천적으로 결정되어 그렇게 사는 것으로 여겨왔다. 물론 천성이 지혜로운 사람이 있다. 사실 정확히 말하면 나중에 이야기할 지혜의 원리를 잘 터득하고 살아가는 것을 천성적으로 조금 더 잘하는 사람이 있다. 그러나 타고나지 않았다고 포기할 일만은 아니다.

최근 '지혜치료Wisdom Therapy'라는 것을 개발해서 많은 대상자에게 적용하여 효과를 거두었던 독일의 미하엘 린덴Michael Linden

연구팀의 자료는 타고나는 것이라고만 믿어졌던 지혜가 후천적인 노력으로 계발될 수 있다는 것을 증명해냈다. 이 책의 주요 내용도 베를린 샤리테대학병원의 미하엘 린덴 교수와의 워크샵을 통해 정교화하여 효과가 있다고 알려진 내용을 우리나라에 맞게 재해석한 것이다.

이런 방법을 통하여 보다 지혜로워지고 그런 지혜를 삶 속에 적용할 수 있다는 것은 이미 학계에 알려져 있다. 린덴 팀은 지혜를 높이는 개입 방법을 아예 지혜치료라고 명명하여 사용하고 있다. 당면한 삶의 여러 가지 도전과 갈등에 접했을 때 그 사람을 돕는 통합적이고 실제적이면서도 과학적으로 입증된 치료가 바로 지혜치료다.

지혜는 계발되는 것이다

수십년에 걸쳐 체계화된 지혜치료가 실제적으로 삶의 위기에 처한 사람들을 잘 도와줄 수 있다는 것이 확인되었다. 이 책에서 계속 다루겠지만 지혜는 소통, 사회 기술, 공감, 감정 지능 강화, 생각 변화, 마음챙김, 감사, 겸손 등을 통하여 바꾸어나가고 증진시킬 수 있다. 몇 달 정도 수련하면 충분히 나아질 수 있는 것이고 그에 따라서 지혜도 증진될 수 있다.

핵심적인 요소는 전통적인 심리치료에서 해오던 인지행동치료와 마음챙김명상과 겸양을 배우는 것이고 이것을 통해 갈등과 고통을 줄일 수 있다. 이 과정을 마치고 나면 고통에서 벗어나는 것은 물론 일상생활을 잘 즐길 수 있고 생산성을 높이면서도 건강한 삶에 다가갈 수 있다. 지혜롭지 못한 사람이 갈등을 만나면 분노, 공포, 불안, 두려움, 스트레스, 우울 같은 것을 겪을 수밖에 없다. 지혜치료는 이런 증상 자체를 다룬다기보다 그런 증상이 일어나는 바탕 문제를 해결하기 때문에 정서적인 문제도 더욱 근본적으로 접근할 수 있다.

인류가 존재한 이래로 고통은 끊임없이 있었다. 사람들은 그런 고통의 문제를 어떻게 해결할 것인지 고심해왔고 그것이 지혜라는 형태로 남게 되었다. 그러나 시대가 빠르게 변하며 우리는 그런 지혜라는 전통을 잘 살리지 못하고 고통 자체만을 해결해보려고 매달려온 것 같다. 그러나 지혜롭지 못하다면 고통은 또 다가올 것이고 그 고통 때문에 다시 힘들 수밖에 없다. 이 책에서 소개하는 것은 고통을 직접 다루는 방법이 아니다. '고통을 겪을 수밖에 없는 삶을 어떻게 운용할 것인가'에 대한 답을 찾으며 고통에 대한 태도 자체를 바꾸는 지혜를 배우게 될 것이다.

어린아이들의 영혼은 맑고 깨끗하다고 생각한다. 그러나 지혜적 측면에서 바라보던 아이들은 지혜롭지 않다. 지혜가 갈고 닦이지 않았기 때문이다. 물론 제대로 지혜를 키우지 못한 어른들은 지혜가 없다시피 한 아이들보다 오히려 더 못한 경우도 있지만, 나이가 들면서 지혜를 잘 키워나가다 보면 어른이 되면서 더 지혜로워질 가능성이 크다. 그래서 나이가 드는 것이 서러운 일이 아니라 더욱 지혜로워지는 근사한 일이 된다.

실제 지혜를 키우는 것이 임상적으로 가능하다는 연구 결과도 의학 논문을 통해 객관적으로 증명되고 있다. 2011년 〈정신치료 및 정신신체의학〉이라는 학술지에는 불공정한 일을 당하고 울화병이 나서 어떠한 다른 치료에도 반응하지 않던 사람들을 대상으로 지혜를 높이는 지혜치료를 시행한 결과 일반적인 치료 방법보다 훨씬 효과적이라는 논문이 실렸다.

이 책은 기본적으로는 독일의 연구팀과 공동으로 지혜치료 워크숍을 하면서 발전시킨 생각들을 담아내었다. 그들과 일하면서 느낀 것은 확실히 서양 사람들의 생각을 문화가 전혀 다른 우리나라 문화에 그대로 적용하는 것은 쉽지 않다는 것이다. 그래서 외서를 그대로 번역하는 것보다는 우리나라의 맥락에서 맞추어 바꾸어야겠다고 생각했다. 이 책의 내용 중에도 있지만 맥락에 잘 맞추는 것이 지혜의 아주 중요한 요소이기 때문이다. 더 지혜로워지려면 상황에 따라 달라질 수밖에 없고 우리나라에서 더욱 효율적으로 지혜를 높이는 방법을 찾다 보니까 결국 우리나라에서 만났던 분들의 사례를 넣을 수밖에 없었다.

다음 장에서는 지혜를 이루고 있는 일곱 가지 주요 구성 인자를 자세하게 다룬다. 그리고 그 다음 장에서 구성 요소가 없어서 지혜롭지 못했던 사람들 이야기를 다루고, 그들이 어떻게 지혜로워질 수 있을까 하는 방법을 이어서 제시했다. 단순히 철학적으로 '지혜는 이런 거야, 그러니까 마음이 있으면 따라해' 같은 방식이 아니라 '내 삶에서 지혜가 어떻게 작동될 수 있을까' 하는 것을 고민하고 실제로 적용해보도록 했다.

지혜가 철학이 아니라 실제라는 것은 이 책에서 강조하는 지혜의 특성이기도 하다. 그러니 그냥 머리로만 읽지 말고 각자의 상황에 맞추어 혹은 주변 사람들의 모습을 보면서 실제 삶 속에서 지혜가 살아날 수 있도록 함께한다면 꽤 유용할 것이다.

지혜는 기초적인 삶의 문제에 대한 전문적 지식 체계이며,
인생을 살아가는 계획을 세우고 실제로 운용하는 능력이고,
풀기 어려운 삶의 상황이나 문제를 만났을 때
대처하는 방법을 말한다.

지금까지 알려진 지혜로운 행동의 원칙, 혹은 지혜를 높이는 방법은 그야말로 수천 가지가 있다. 일단 전문 학술서가 아닌 이상 이 모든 것을 담아낼 수도 없고 한 권의 책으로는 당초 불가능한 일이다. 학자나 학파마다 더 중요하다고 생각하는 것도 다 다르다. 특히 지혜의 담론이 시작된 것이 확실하게 서로 합의가 되는 과학으로 정의된 것이라기보다는 각자의 주장이 더 중요한 철학에서 발원한 것이 많기 때문에 지혜를 설명하는 데 정말 많은 내용이 감겨 있다. 그러니 규모가 어마어마할 수밖에 없다.

이 책에서는 이 방대한 내용을 좀 단순화해서 다음 일곱 가지 원리로 정리했다. 학자마다 다르게 생각하는 사람들도 있겠지만 일단 지금까지의 문헌을 다 조사한 뒤 우리 실정에 와 닿는 것을 우선적으로 정리하자고 결정했다. 이 일곱 가지 요소는 앞으로 계속 반복해서 나올 내용이므로 여기서 한번 정리하고 가는 것이 좋겠다.

1. 알되, 무엇을 아는지 모르는지 알고, 계속 업데이트하라.
2. 언제이고, 어디에 있느냐, 어떤 상황이냐에 따라 달라진다.
3. 각자 다 다를 수 있고, 당신만이 세상의 중심이 아니다.
4. 확실하지 않은 것을 견뎌라.
5. 길게 보라.
6. 더 큰 차원이 있다는 것을 알아차려라.
7. 공감하고 있는 그대로 받아들일 줄 알아야 한다.

인류 역사상 수많은 지혜의 노하우가 제시되었지만 이 책에서는 이 일곱 가지 원칙을 반복해서 강조하고자 한다. 이것을 '지혜의 7원리'로 부르기로 하겠다. 이 책을 읽고 내용을 다 잊더라도 이 일곱 가지 원리만 기억한다면 더 지혜로워질 수 있을 것이다.

원리 1

지혜의 기본은 지식이다
알되, 무엇을 아는지 모르는지 알고, 계속 업데이트하라

알파고가 세계 최고의 기사 이세돌과 커제 등을 누르고 바둑의 신이 될 수 있었던 것은 엄청난 경우의 수가 데이터베이스로 입력되어 있기 때문이다. 고수들의 게임 16만 건의 기보에서 약 3,000만 수를 가져와서 가장 확률이 높은 수와 가장 확률이 낮은 수를 계산해낼 줄 아는 알파고 앞에서 바둑의 거장들은 속속 무너질 수밖에 없었다. 인간과의 대결에서 유일한 패배를 가져온 이세돌 9단과의 대전의 결과를 학습하여 업데이트된 알파고 마스터에 이르면서 더 대단한 자료가 축적되었다. 이렇게 '어떤 일이 있을 때 대개 어떻게 되더라' 하는 것과 '대개 그렇게 되지 않더라' 하는 것을 아는 것은 매우 중요하다. 물론 '꼭 그렇게 되는 거야'라고 믿으면 이른바 경험의 노예가 된다. 꼰대들은 항상 "그것은 이렇게 하는 거야", "이렇게 되는 거잖아"라고 말한다. 물론 그렇게 되는 것이 맞을 때가 있다. 삶의 연륜에서 녹아든 경험의 힘이다. 그러나 중요한 것은 그것이 항상 맞지는 않는다는 것이다. 통하지 않을 때도 있다. 알파고는 그것이 통할 때와 통하지 않을 수 있다는 것을 생각한다. 그래서 웬만한 수가 나와도 버벅대지 않고 진행할 수 있다.

보통 사람은 자신의 경험의 노예가 되어서 자기가 가진 경험만을 믿고 산다. 그러기에 나이가 들면 꼰대 소리를 듣게 되고 끊임없이 반복되는 "6·25 때 말이야", "왕년에 내가 어떻게 했었다"는 무용담에 후배들은 지겨워서 고개를 돌리게 된다.

여기서도 중요한 것이 있다. 비록 꼰대 노릇을 하기 쉽더라도 일단 알고 있다는 사실을 무시하면 안 된다. 사람은 잘 알지 못하는 상황에 놓이면 당황하게 되고 지혜롭지 못한 선택을 하게 된다. 예를 들어보자. 통상적인 건강검진을 받았는데 갑상선암이란다. 암이라는 말만 듣고도 하늘이 무너지는 것 같고 이제는 죽었구나 하는 사람이 있다. 그러나 요즘 갑상선암은 너무 흔하다. 간단한 수

술로도 완치가 되고 최근에는 그런 수술조차 권장하지 않는 경우가 많다는 사실을 아는 사람에게 이 소식은 큰 문제가 되지 않고 힘든 순간을 넘길 수 있다. 그런데 이것이 다가 아니다. 갑상선암은 별것이 아니라고만 알고 있는 사람은 치료도 받지 않고 그냥 내버려 둔다. 일부 갑상선암 중에는 매우 위험한 것이 있어서 적극적으로 치료하지 않으면 전이도 되고 목숨을 잃을 수도 있다는 사실을 알아야 제대로 대처할 수 있다. 이처럼 알더라도 제대로 아는 것이 중요하다.

경험이 곧 지혜일까

삶에는 여러 다양한 문제가 벌어진다. 인간관계, 돈, 건강, 출산과 육아, 학업, 미래 등 이루 다 말할 수 없는 문제가 계속되는 것이 삶이다. 아이가 태어나면서부터 고민은 시작된다. 몸조리는 얼마나 해야 하는지, 젖병은 어떻게 삶는지, 이유식은 어떻게 만들고 먹이는지, 걸음마는 언제 어떻게 하게 하는지, 어린이집은 언제 보내고, 가지 않겠다고 하는 아이에게 어떻게 해야 할 것인지, 예방주사는 언제 어떻게 맞히고, 초등학교에 가서 적응하지 못하는 아이는 어떻게 다룰 것인지, 공부는 어떻게 지도하고, 사춘기 아이들과는 어떤 방식으로 이야기를 나눌 것인지, 대학은 어디를 가는 것이 낫고, 군대는 어떻게 해야 하는지 알아야 한다. 이사 가는 법, TV를 설치하는 법, 물건을 싸게 잘 사는 법, 여행을 가는 법, 병원에 가고, 결혼식을 치르거나 장례식을 치르는 법, 이 모든 것에 대해서 알고 있어야 한다. 세상이 천천히 돌아갈 때는 부모에게서 이런 것들에 대한 지식을 찬찬히 배워나가면 됐지만, 이제는 하도 세상이 급격히 변하기에 부모 세대들은 경험하지도 못한 문제를 처리해야 하는 일도 많아졌다.

삶의 문제에 대한 광범위한 데이터베이스를 가진 사람이 지혜로운 사람이다. 데이터베이스 중에서 구체적으로 특별한 상황에 대한 지식을 '경험'이라고 한다. 이런저런 일을 겪으면서 쌓아온 경험으로 이럴 때 어떻게 되고 저런 경우에는 어떻게 되는 것인지 알고 있다. 자기 경험만이 옳다고 우기지만 않는다면 그런 경험에서 얻은 자신감은 일을 추진하는 원동력이 된다. 이렇게 지혜는 유일하게 나이가 들면서 우수해질 수 있는 인간의 기능이 된다.

대부분의 인간은 나이가 들면 능력, 근력, 체력, 지력이 줄어드는데, 나이가 들어도 느는 것이 있다. 바로 지혜다. 경험이 많은 사람은 그렇지 않은 사람보다 더 지혜로울 수 있다. 물론 나이가 든 다고 모두 지혜로워지는 것은 절대로 아니다. 많은 경험을 가지고 있으면서 각기 다른 상황에 따른 해결책이 따로 존재할 수 있다는 것을 아는 것, 바로 그것이 지혜로운 사람의 태도다.

자신이 직접 경험한 것 말고도 책, 영화, 좋업 같은 것을 통해 간접적으로 경험해서도 지식을 쌓을 수 있다. 항상 그런 것만은 아니라고 했지만, 판사, 교사, 의사, 상담가 같은 사람이 지혜로워질 수 있는 기회가 많은 것은 사람과 상황에 대한 다양한 지식이 있기 때문이다. 간혹 이런 지식이 올무로 작용하기도 한다. 자신이 아는 것을 전부로 생각하고 아집에 빠져서는 절대로 지혜가 증진될 수 없다. 그래서 지혜와 지식은 다른 것이다. 그러나 기본적으로 지식이 먼저 있어야 지혜가 생기는 것은 분명하다.

지식의 업데이트도 중요하다. 오래된 차에 달려 있는 내비게이션을 써보면 황당할 때가 많다. 차는 분명히 길 위를 잘 달려가는데 내비게이션에서는 강 위에 둥둥 떠 있거나 길도 없는 산속을 가리키는 때가 있다. 아주 뻥 뚫린 새 길이 분명히 옆에 있는데 여전 막히는 길로만 안내를 할 때도 있다. 새 길이 났는데 미처 업데이트가 되지 않았기 때문이다. '이 길이 맞는데······' 하는 것은 옛날

길만 지식의 데이터베이스에 들어가 있다는 말이다. 길은 늘 새로 난다. 지식도 늘 새롭게 생긴다. 노인이 꼰대로 몰리는 것은 자신이 알고 있는 길, 구식 내비게이션에 있는 길만을 고집하기 때문이다. 노인이 업데이트만 된다면 그 어떤 스마트한 청년도 그 데이터베이스의 양을 따라갈 수 없기 때문에 당할 수가 없다. 노인의 경험을 무시할 수 없는 이유다.

지식은 지혜를 만들어낸다

'아는 것이 힘이다'라는 말은 진리다. 앎은 많은 것을 해결해준다. 다른 사람에 대해서 알면 알수록 그 사람의 행동을 이해할 수 있다. 어떤 일이 벌어지더라도 덜 놀라고 어떻게 대처하면 될지 대책을 마련해준다.

지식과 지혜, 창조성은 서로 밀접한 관계가 있다. 서로 겹치기도 하지만 겹치지 않는 부분도 있다. 지혜로운 사람은 지식이 많고 창조적일 가능성이 높다. 지혜로운 사람은 단순히 지적인 것에 끝나지 않는다. 지혜로운 사람은 자기가 무엇을 아는지 안다. 그뿐만 아니라 자기가 무엇을 모르는지 안다. 또 이런 지식 체계의 한계 안에서 무엇을 할 수 있고 무엇을 할 수 없는지를 알아낸다. 지식이 있는 사람은 지식을 기억해내고 분석하며 사용할 줄 안다. 창조적인 사람은 기존의 지식을 뛰어넘는다. 새로운 지식을 창조한다. 기존 지식은 한계가 있기 때문에 그것을 뛰어넘는 사람에게서 창조성이 발휘된다. 지식이 많은 사람은 자신의 지식을 효과적으로 사용한다. 창조적인 사람은 그 지식의 한계를 넘어 자유로워지고 싶어한다. 지식을 감옥으로 생각하고 그 감옥에서 탈옥하고 싶어하는 사람이 창조적인 사람이다. 지혜로운 사람은 감옥과 감옥의 경계를 잘 이해하는 사람이라고 할 수 있다.

요즘에는 모르는 것보다 섣불리 아는 것이 화가 된다. 인터넷만 뒤져보면 널린 것이 지식이니 아는 척하는 사람이 많다. 공부를 많이 한 사람은 정말 모르는 것이 많으니 겸손할 수밖에 없다. 그러나 대충 공부를 한 사람은 자신이 무엇을 모르는지 모르기 때문에 겸손하기 어렵다. 남에게 보여주려고 공부를 한 사람들은 뭐든지 그냥 아는 체를 한다. 그래서 누가 진짜 지식인인지 알기 어렵다. 지식이 있는 사람은 모른다고 하고, 지식이 없는 사람은 안다고 하기 때문이다.

고적지에 가면 '문화해설사'라는 이름으로 그 고적에 대하여 이런저런 것을 잘 설명해주는 사람이 있다. 자원 봉사자이기도 하고 전문 직업인도 있다. 어떤 사람은 마치 드라마나 영화를 보는 것처럼 그 시대에서 타임머신을 타고 온 것처럼 살아서 움직이는 것 같은 내용을 생생하게 전해준다. 어떤 사람은 아주 따분한 국사 교과서를 읽는 것같이 재미없게 나열하기만 한다.

그들이 해설하는 내용 자체는 같은 이야기다. 그러나 그것을 듣는 사람들에게 얼마나 잘 어울리게, 재미있어할 만한 이야기를 섞어서 해주느냐는 다르다. 물론 고적에 대한 지식을 아는 것은 필수다. 그러나 그 지식 너머에 있는 것이 다르다. 지식을 감칠맛 나게 활용할 줄 안다. 진짜 지혜로운 사람은 아는 것만 가지고 확신하는 사람도 아니고, 아는 것이 없다고 모든 것을 회의하는 사람이 아니라, 자신이 아는 것을 적절하게 활용할 줄 아는 사람이다.

아는 것과 모르는 것의 관계

지식이 중요하다고 하지만 더 중요한 것은 내가 아는 것이 다가 아니라는 것을 아는 것이다. 내가 아는 것에는 항상 한계가 있고 모르는 것이 더 많다는 것을 아는 것이 지혜다. 소크라테스가 "너 자신을 알라"라고 했던 것은 오늘날에도 분명히 통하는 지혜다. 단순히 아는 것을 '인지'라고 한다면, 자기가 어떤 것을 알고 어떤 것을 모르는지 자기 인지를 살펴보는 능력을 '메타인지'라고 한다.

공부를 잘하는 학생들을 모아서 분석했더니 인지 능력 자체는 일반 학생들과 차이가 별로 없었는데 대신 자신이 무엇을 아는지 모르는지를 정확히 알고 있었다. 무엇을 모르는지를 알아야 정확하게 업데이트할 수가 있다.

공자의 사상은 거의 2,500년 동안 동아시아를 지배해 왔기에 오늘의 우리와 떼려야 뗄 수 없다. 《논어》 제1편 〈학이〉에 나오는 첫 문장은 우리가 잘 알고 있듯이 '학이시습지 불역열호 學而時習之 不亦說乎'다. '배우고 익히는 것이 기쁨이고 평생 교육이 가장 중요하다'는 말이다. 그런데 앎에 대해 말한 대목은 제2편 〈위정〉에 나오는 '지지위지지 부지위부지 시지야 知之爲知之 不知爲不知 是知也'다. 즉 '아는 것을 안다고 하고 모르는 것을 모른다고 하는 것이 바로 아는 것이다'라는 말씀이다.

배우는 길에 있어서는

이제 그만하자고 끝을 맺을 때가 없는 것이다.

사람은 그 일생을 통하여 배워야 하고

배우지 않으면

어두운 밤에 길을 걷는 사람들처럼

길을 잃고 말 것이다.

- 태자

삶에 대한 많은 지식 데이터베이스를 가지고
끊임없이 업데이트하는 것이 지혜다.

원리 2

지혜는 맥락적이다
언제이고, 어디에 있느냐, 어떤 상황이냐에 따라 달라진다

우리는 텍스트^{Text}의 귀재다. 어릴 때부터 수많은 텍스트를 읽고 해석해왔다. 많은 정보가 텍스트 형태로 제시되고 그 텍스트를 외우고 분석한다. 공부도 그렇게 한다. 수많은 텍스트를 머릿속에 넣는 것이 우리가 그동안 해온 일이다. '조선의 왕' 하면 '태정태서문단세……'를 외우고 어떤 왕이 몇 년도에 무슨 일을 했는가를 알아보는 것이 공부였다. 사도세자 하면 차기 왕으로 예정되었던 세자였는데 친아버지인 영조의 명령으로 뒤주에 갇혀서 비참하게 죽었다는 텍스트가 바로 따라 나온다.

그러나 세상을 움직이는 것은 이런 텍스트가 아니라 콘텍스트 Context다. 기대가 컸던 아버지와 그 기대를 감당하기 어려웠던 아들 사도세자, 아들에게 계속 양위하겠다는 협박 아닌 협박을 하면서 아들을 시험하는 영조의 마음, 아버지에 눈에 들지 않는다는 불안과 두려움이 가득 찬 아들의 마음, 질책하는 아버지를 피하고 싶어서 의관도 입기 싫어했던 마음, 당시 정권을 놓고 다투던 소론과 노론의 정쟁…….

이 모든 것이 그 상황에 정확하게 들어가기 전에는 알 수가 없다. 이런 것이 바로 그 상황의 콘텍스트다. 텍스트는 문장, 문자로 해석하고 콘텍스트는 문맥으로 해석하지만 이 책에서는 글에 대한 것이 아니라 상황에 대한 것이므로 '문맥'이라는 말 대신 '맥락'이라고 하겠다.

맥락은 그때그때 다르다

지금 자신이 어디서 무얼 하고 있는지, 맥락을 잘 모르는 사람이 많다. 같은 모습이라고 다 같은 행동이 아니다. 내가 반갑게 손을 흔든다고 치자. 동네에서 아는 사람을 만났을 때 그런다면 그것은 보통 용납되는 행동이다. 그런데 지나가는 여자에게 흔든다면 문제가 된다. 이렇게 완전히 같은 행동이라고 해도 때와 장소에 따라 전혀 다른 일이 된다.

지금 이 상황이 어떤 맥락에 있는지 아는 것은 매우 중요하다. 그것을 모르는 사람이 많다. 이를테면 다른 사람의 환갑 잔치, 출판 기념회, 퇴직 강연회 등 주인공이 빛나야 하는 자리가 있다. 거기서 축사를 맡았다고 해보자. 그때 자기 얘기를 장광설로 늘어놓는 사람이 꽤 있다. 물론 그런 자리에서 한마디 하라고 했으니 나름대로 성공한 사람일 것이다. 그렇더라도 그날은 자기가 아니라 주인공을 빛나게 해주는 날이어야 한다. 결혼식장에 신부보다 더 화려한 옷을 입고 가는 것, 생일 파티에 눈에 확 띄는 옷을 입고 가서 그날의 주인공을 무색하게 하는 것은 비맥락적 행동이다.

축복을 한껏 해주어야 하는 결혼식장에서 사회가 마음에 안 든다고, 부모들의 인사 순서가 틀렸다고 야단을 쳐 분위기를 싸하게 만드는 주례를 실제로 보았다. 도대체 여기에 무엇을 하러 왔는지 맥락을 전혀 파악하지 못하는 사람이다.

야단치고 가르칠 때가 있고, 격려하고 존중해야 할 때가 있다. 이 맥락에서는 괜찮은 일도 다른 맥락에서는 안 좋을 수가 있다. 여러 삶의 문제 중에서 지금은 이 맥락이, 다른 순간에는 다른 맥락일 수 있다는 것을 아는 것이 지혜다.

고맥락 사회에서 눈치의 역할

우리나라에서는 맥락이 '눈치'라는 말로 대체되기도 했다. "너는 왜 그렇게 눈치가 없니?", "눈치 없는 짓 좀 하지 마라" 등. 물론 눈치를 너무 심하게 보는 것은 좋지 않다. 사회공포증 혹은 사회불안장애처럼 남의 눈치를 지나치게 보는 병도 생긴다. 질병까지는 아니더라도 사회와 타인의 압력에 너무 좌지우지되는 사람들도 있다. 반대로 너무 눈치가 없는 사람들은 사회 생활을 하는 데 어려움을 많이 겪는다.

눈치는 다른 사람들의 표정, 말투, 행동을 파악하면서 생기는 것인데, 지나치게 자기중심적인 사람은 주변 정보를 알아채지 못한다. 맥락을 잘 파악하려면 정보를 수집하는 것에서 끝나지 않고 그 정보에서 지금이 어떤 상황인가를 잘 판단해야 한다. 여기서는 '원리 1. 지혜의 기본은 지식이다'가 작동해야 한다. 많은 것을 알고 있어야, 즉 지식 데이터베이스가 있어야 눈치를 발휘할 수 있고 맥락을 알 수 있다.

어떤 사람의 분위기나 감정 상태를 파악하려면 그의 평소 말투, 표정, 행동 등을 잘 알고 있다가 지금 어떻게 다른지 알아야 한다. 오래 해로한 부부는 굳이 말하지 않아도 눈치껏 '이 사람이 어떻다'라는 것을 귀신같이 알아낸다. 많은 정보를 가지고 있기 때문이다. 이렇게 원리 1과 원리 2는 서로 자연스럽게 연결된다. 늘 남의 눈치를 보면서 살 필요는 없지만 지금이 어떤 맥락인지를 잘 아는 것은 훨씬 지혜롭게 살아갈 수 있도록 만들어준다.

최근 유행하는 말 중에 '워라밸'이 있다. 워크-라이프 밸런스 Work Life Balance, 즉 일과 삶의 균형을 말한다. 이 워라밸이야말로 맥락과 밀접한 관계가 있다. 일을 해야 할 맥락이 있고, 놀아야 할 맥락이 있다. 놀아야 할 맥락에도 일에서 빠져나오지 못하면 일 중독이고, 일해야 할 맥락에도 노는 것에서 빠져나오지 못하면 무능력자가 된다. 산다는 것은 참으로 여러 가지 주제를 다루는 일이다. 어떤 때는 이것이 중요한 주제가 되기도 하지만 다른 것이 주제가 되는 때도 있다. '지혜서'라고도 불리는 《성경》의 〈전도서〉 3장에는 이런 상황에 대해서 이미 명확하게 기록되어 있다.

> 천하에 범사가 기한이 있고 모든 목적이 이룰 때가 있나니

날 때가 있고 죽을 때가 있으며 심을 때가 있고 심은 것을 뽑을 때가 있으며

죽일 때가 있고 치료시킬 때가 있으며 헐 때가 있고 세울 때가 있으며

울 때가 있고 웃을 때가 있으며 슬퍼할 때가 있고 춤출 때가 있으며

돌을 던져 버릴 때가 있고 돌을 거둘 때가 있으며 안을 때가 있고 안는 일을 멀리할 때가 있으며

찾을 때가 있고 잃을 때가 있으며 지킬 때가 있고 버릴 때가 있으며

찢을 때가 있고 꿰맬 때가 있으며 잠잠할 때가 있고 말할 때가 있으며

사랑할 때가 있고 미워할 때가 있으며 전쟁할 때가 있고 평화로울 때가 있느니라

지금이 무엇을 해야 할 때인지를 아는 것이 지혜다. 지금이 나는 때인지 죽는 때인지, 심을 때인지 뽑을 때인지, 모든 것을 맥락에 맞추어야 하는데 헐 때 세우고, 안을 때 멀리하고, 잠잠해야 할 때 떠들고, 사랑해야 할 때 미워하는 사람이 있다. 말로는 쉽지만 이를 제대로 실천하기는 쉽지 않다.

학생 때는 공부를 할 때이나 때를 맞추어 공부하는 것은 녹록하지 않다. 청년기에는 사랑을 해야 하는데 여러 여건으로 사랑하는 사람과 만나고 연애하기 어렵다. 나이가 들면 베풀어야 할 터인데

경제적 궁핍으로 베풀기 어려울 때가 많다. 이렇게 그 맥락에 맞추려면 내가 앞으로 어떤 맥락에 처할지 미리 예측하는 것도 필요하다. 나이가 들면 친구도 적어지고 수입이 없을 가능성이 많기 때문에 미리 준비해두는 것이 맥락적인 삶이다.

요즘 유행하는 생활방식인 욜로^{YOLO}와 '지금 여기의' 삶을 즐기느라고 대책 없이 탕진하는 것은 저축을 해야 할 때라는 맥락을 놓치는 일이다. 반대로 오직 저축만 하느라고 자린고비처럼 아무것도 하지 못하고 황금 같은 젊은 날을 놓치는 것도 맥락을 놓치기는 마찬가지다.

바쁘게 사는 가족이 있다. 가족끼리 서로 얼굴도 제대로 보지 못하고 몇 달이 지났다. 아무리 사는 데 정신이 없더라도 이건 좀 아니라는 데 의견이 일치되어 어렵게 서로 일정을 맞추었다. 김밥에 간식도 준비하고 즐거운 야유회를 준비했다. 막상 당일 아침에 비가 퍼붓는다. 되는 일이 없다는 불평이 터져나온다. 지금 이 맥락에서 비는 참 얄궂은 존재가 된다.

계속되는 가뭄에 저수지에 물이 마른 지 오래되었고 땅이 타들어간다. 봄에 힘들게 심었던 작물이 이제는 더 못 견디고 바싹 말라간다. 이번 주까지 이렇게 넘어가면 금년 농사는 망칠 수밖에 없다. 이때 아침부터 퍼부어주는 비는 생명의 단비이다. 모든 것을 다 풀어주는 해갈의 비다. 이렇게 같은 비지만 어떤 맥락에 있느냐에 따라 그 의미는 완전히 달라진다.

 사람은 맥락에 따라 다른 행동을 하고 또 그렇게 해야 한다. 대부분 연공서열식 승진을 하는 우리나라에서는 드문 일이지만 데리고 있던 부하 직원이 자신을 추월해서 자신의 관리자가 되는 일이 있을 수 있다. 그럴 때 "그 사람은 내가 데리고 있던 직원인데 어찌 그럴 수 있느냐"고 홧병이 나는 사람이 꽤 있다. 현실을 수용하고 새로운 부하의 맥락에 머물러야 할 터인데 아직도 상사의 맥락에 머무르는 것이다. 부하의 맥락에서 해야 하는 일이 있고, 상사의 맥락에서 해야 하는 일이 있다. 상사가 되어 지시를 적극적으로 잘하는 사람은 그 맥락에 충실한 사람인 반면에 그것을 받아들이지 못하는 사람은 맥락에 약한 사람, 지혜롭지 못한 사람이 된다.

 16살짜리 아이가 임신을 했다. 고등학생이니 학교에서 난리가 나고 어쩌면 뉴스거리가 되기도 하고 온 집안이 뒤집어질 일이다. 그러나 〈춘향전〉의 춘향이 나이도 아마 16살 즈음이었을 것이라 여겨지고, 현대에서도 예멘 여성의 절반 이상이 18세 이전에 결혼을 한다고 한다. 우리나라만 해도 1960년의 여자 초혼 평균 연령은 21.6세였다. 그런데 이제는 30세가 넘어버렸다. 20세에 결혼하는 것이 아무렇지도 않고 서른이 넘어서도 시집가지 못한 처자들을 보면 끌탕을 하던 시대는 지났다. 이처럼, 같은 일도 지금 어느 맥락에 있느냐에 따라 달라진다. 어떤 맥락에서는 너무 이상한 일이, 다른 맥락에서는 아주 당연하고 자연스러운 일이기도 하다.

맥락은 지혜와 연결된다

맥락은 살아가면서 발달하는 과정, 즉 가족, 교육, 직장, 여가와 관련되어 다를 수도 있고, 시간에 따라 나이가 들어가면서 또 그 사람이 처한 문화적인 환경에 따라서 차이가 있을 수 있다. 이런 맥락이 항상 조화를 이루는 것은 아니다. 어떤 때는 긴장과 갈등이 생길 수 있다. 직장이라는 가치와 여가라는 가치가 언제 어떻게 조화를 이룰 것인가 하는 것처럼, 서로 다른 맥락이 충돌하는 시점을 잘 풀어가는 요령이 늘 숙제다. 지금 어떤 것이 더 중요한지, 또 중요한 주제가 바뀌는 시점이 언제인지 아는 것이야말로 지혜다.

내가 지금 무엇을 하고 있는지 잘 알면 그리 힘든 일은 별로 없다. 학생 시절은 인생이라는 맥락에서 앞으로 다가올 여러 일을 준비하는 시기다. 거시적인 측면에서 맥락을 본다면 준비하는 시기가 필요하므로 학교를 가는 것은 참 괜찮은 일이다. 그러나 맥락에서 보지 않는다면 학교에 간다는 것은 아침에 잠도 덜 깬 상태에서 무거운 몸을 이끌고 일어나야 하는 것이고, 선생님과 친구들로부터 스트레스도 받아야 하고, 공부를 잘해야 한다는 압력을 받아야 하는 일이다. 그래서 당장 오늘 해야 하는 의무감으로 본다면 학교 가는 것은 너무 싫은 일로만 여겨진다. 이렇게 맥락은 가치와 쉽게 연결이 된다.

'나라의 독립'이라는 가치를 가지고 있으면 독립운동을 하는 것이 맥락적으로 어렵지 않다. 일제 시대 때 일본에 부역했던 수많은 친일파들은 하나같이 이렇게 쉽게 광복이 되리라고 생각하지 못했다고 말한다. 그들의 맥락은 영원히 일본과 한국은 하나로 묶이는 것이었다. 그래서 친일 행동을 하면서 스스로를 위안할 수 있었다.

만약 내가 지금 가치 있는 일을 하고 있다는 맥락이라면 어떤 일을 하든지 그리 힘들지 않다. 내가 교장으로 활동하고 있는 '긍정학교'가 있다. 하도 불행하다는 사람이 많아서 '삶을 긍정하는 법을 배우고 실천하고 나누는 학교'라는 모토와 '삶을 긍정하다'라는 교훈을 가지고 여러 가지 강좌와 워크숍, 또 찾아가는 교육 등을 하는 기관이다. 뜻은 좋지만 잘 알려지지 않아서 강좌를 열면 고작 두서 명 오는 일도 많았다. 이것을 맥락적으로 본다면 단 한 명의 학생이더라도 강좌를 열어 그 사람이 가치 있고 행복하게 살 수 있게 된다면 충분히 의미가 있는 일이다. 그렇지만 경제적인 면으로만 본다면 강사료도 나오지 않고 전기료나 장소 사용료도 나오지 않을 일이므로 빨리 폐강하는 것이 나을 것이다. 그러나 가치를 생각하는 맥락에서 바라보면 얼마든지 할 수 있는 일이고 해야 하는 일이다. 이런 맥락에서 버티다 보니 이제는 그래도 많은 이가 찾아주신다.

한나라 고조 유방이 항우를 물리치고 천하를 제패하는 데 가장 큰 역할을 한 사람은 백전백승의 명장 한신이었다. 한신이 젊었을 때 동네 건달이 "내 가랑이 밑을 지나가라"라고 하면서 일부러 시비를 걸었다. 그는 한칼에 해치울 수도 있는 상대였지만 '지금 큰 일을 도모하고 있는데 이런 사소한 일에 마음을 쓸 필요가 없다'라고 판단한 그는 엎드려서 가랑이 밑을 지나갔다. 사람들은 겁쟁이라고 비웃었다. 이렇게 한신이 수모를 겪으면서도 뒷날의 큰일을 위해 당장의 분함을 참았던 것이 '과하지욕跨下之辱'이라는 고사성어로 남게 되었다. 인생의 큰 맥락에서 보면 거의 대부분의 일이 별일이 아니다.

지금 내가 살고 있는
삶의 맥락을 파악하는 것이 지혜다.

원리 3

지혜는 상대적이다
각자 다 다를 수 있고, 당신만이 세상의 중심이 아니다

'내가 세상의 중심이 아니고 다른 시각도 얼마든지 있다'는 상대성은 지혜에서는 빠질 수 없는 중요한 개념이다. '절대'라는 말은 그야말로 절대자 신에게만 쓸 수 있는 것이지 인간 세계에서는 모든 것이 상대적이다. 물론 비교적 절대적인 가치도 있다. 사람은 소중하다. 생명은 귀하다. 인간은 존중받아야 한다. 이런 것처럼 그야말로 어떠한 순간에도 양보할 수 없는 대전제가 있다. 이것이 '모든 것은 상대적'이라는 논지와 반하지는 않는다. 사람이 귀하기 때문에 사람끼리의 어떤 것이라도 상대적이라는 말이다.

일상에서 느끼는 상대성

상대성이라는 것은 철학적으로 좀 복잡하게 말하면 '어떤 것이든지 그 자체로서 독립적인 것이 아니라 그것을 어떻게 인식하느냐, 즉 주관적으로 바라보는 인식 주체의 의식과 관련성이 있다'는 말이다. 너무 복잡한가? 좀 쉽게 말하면 '나름대로 각자 다 맞다'라는 말이다. 세상의 모든 일에는 나름대로 이유와 입장이 있고, 각자의 입장에서는 모두가 옳다는 사실을 알아차리는 것이다. 신은 절대적이기 때문에 절대자라고 불리지만 신이 아닌 인간이 하는 일은 모두 다 상대적이다.

2016년 말부터 2017년 초까지 우리는 세상 모든 것이 상대적이라는 사실을 광화문 광장과 서울역과 시청 앞 광장에서 맞부딪히는 사람들을 보면서 분명히 확인했다. 같은 사안을 두고 촛불을 든 사람과 태극기를 든 사람의 입장이 그렇게 확연히 다르다는 것을 목도했다. 촛불은 태극기를 이해할 수 없고, 태극기는 촛불을 받아들일 수 없었다. 결국은 더 많은 사람이 생각하는 방향으로 일이 해결되었지만 사람은 자신이 경험하고 바라보는 것에 따라 같은 사안도 다르게 생각한다는 것을 극명하게 보여준 사건이었다.

태극기를 든 사람들 입장에서는, 목숨을 걸고 지켜온 이 나라를 공산당에게 가져다 바칠 것 같은 두려움이 있었다. 촛불을 들고 나온 사람들은 수십 년간 쌓여온 적폐에 대한 분노가 있었다. 이런 정치적인 생각의 차이는 지금도 별반 다르지 않고 지루하게 계속되고 있다.

누가 옳은가? 더 많은 사람이 옳다고 생각하는 것이 분명히 있지만 사람마다 생각하는 것이 다르다. 그것이 상대성이다. 남들이 보기에는 뻔한 불륜이 당사자에게는 엄청난 세기의 사랑일 수도 있다. 이처럼 세상의 모든 일은 상대적이다.

사드는 들여올 것인가? 무상급식은 해야 하나? 원자력 발전은 유지해야 하나? 화석 원료를 사용하는 화력발전소를 만들어야 하나? 4대강의 보는 철거해야 하는가? 제주 강정에 해군 기지를 세워야 할 것인가, 평화와 자연의 섬으로 보존해야 할 것인가? 어떤 사람을 장관 자리에 앉힐 것인가, 말 것인가?

어떤 사안을 한쪽 입장에서 바라보면 논리가 맞지만 반대 처지에서 보면 얼마든지 반론이 가능하다. 세상 모든 일이 상대적이기 때문이다.

내 생각은 맞고 상대방은 틀렸다

민수는 게임을 그만하라는 엄마의 잔소리가 너무 싫다. 매일 수업이 끝나자마자 학원 가느라고, 이번 주는 제대로 컴퓨터를 켜지도 못했는데 컴퓨터 앞에 앉자마자 엄마는 "게임 좀 그만하라"고 소리를 지르니 정말 답답하다. 지난 번에 하루에 한 시간은 해도 된다고 허락해놓고 이제 와서 다른 말을 하는 엄마가 너무 싫다. 한 판만 더 하면 다음 레벨로 넘어갈 수 있고 그럼 그만둘 생각이었는데 엄마는 정신이 있느냐고 소리를 지르고 난리다. 엄마는 매번 이런 식으로 약속을 지키지 않는다. 딱 한 시간만 하고 공부하려고 했는데 믿어주지 않으니 정말 미치겠다.

엄마는 당장 다음 주가 시험인데 게임만 하는 민수가 너무 걱정스럽다. 도대체 공부할 생각이 없는 것 같다. 집에만 들어오면 무섭게 컴퓨터를 켠다. 오늘도 들어오자마자 컴퓨터를 켜길래 '참을 인' 자를 몇 개나 썼다가 지웠다가 하다 마지못해 "이제 게임 좀 그만하지" 했다. 그래도 들은 척을 안 한다. 도대체 커서 뭐가 되려고 그러는지, 엄마 알기를 너무 우습게 안다. 어른 말을 이렇게 귓등으로도 안 들으면 사회 생활을 어떻게 하려고 이러는지 모르겠다.

정말 참고 참다가 한마디 했는데 울고불고 난리를 친다. 이렇게 감정 조절이 안 되어서야 어떻게 살 것인지 너무 걱정이 된다. 맨날 게임만 하고 성질만 내는 폐인이 될 것 같아 미치겠다.

　민수는 민수의 생각이, 엄마는 엄마의 생각이 있다. 각자가 자신의 처지에서 보면 틀리지 않다. 그런데 자기 방향에서만 일을 바라보면 더 이상 진도가 나가지 않는다. 이렇게 사람마다 그 나름대로 주관적 세계가 있고 다른 사람 생각이 내 생각과는 다를 수 있다는 것을 알아차리는 것이 지혜다. 생각이 서로 다르다고 꼭 내 생각을 바꾸어야 한다는 말은 아니다. '따져보니 원래 내 생각이 틀렸다'고 생각하면 바꿀 수도 있다. 그러나 '다른 시각으로 보더라도 내 생각이 맞다'고 생각하면 그대로 유지해도 된다. 다만 다른 사람이 다르게 생각할 수 있다는 것을 알고, 그 사람의 그 생각이 그 사람 처지에서는 맞을 수 있다고 생각할 줄 아는 것이 지혜다.

상대성과 지혜의 관계

상대성에 영향을 많이 끼치는 것에 문화가 있다. 어떤 행동이 어떤 문화에서는 통상적인데 어떤 문화에서는 끔찍하게 여겨지는 일이 있다. 특정 가축을 먹는 일이나 일부다처제에 대한 시각이 그렇다. 각 사회마다 문제를 바라보고 해결하는 나름의 사회적 원칙과 관습이 있다. 사람을 만났을 때 남녀 간에 서로 볼을 부비고 뽀뽀를 하는 곳도 있고 정중히 절을 하는 곳도 있으며 악수를 하는 곳도 있다. 문화가 다른 곳에서 다른 방식으로 인사를 하면 이상한 사람이 될 수 있다. 이런 문화의 차이도 옳고 그른 것이 아니라 그냥 상대적인 것뿐이다.

음식도 문화에 따라 많은 차이를 가질 수 있다. 힌두교도는 소고기를 먹지 않으며, 회교도는 돼지고기가 금기시되고, 미국 사람들은 개고기나 말고기를 먹지 않는다. 유대인은 《성경》에 따라 비늘이 있는 생선만 먹지만, 태즈메이니아 족은 비늘이 있는 생선을 먹는 것이 금기되고 있다. 이런 전통 문화를 거의 인생을 걸고 지키는 사람들도 있다.

이슬람은 할랄 음식을 먹어야 한다. 할랄은 이슬람 도축법인 다비하식으로 도살한 고기와 그 고기로 만든 음식이다. 할랄이라는 말 자체가 '허용된'이라는 뜻이기 때문에 할랄이 아니면 음식으로 허용되지 않는다. 돼지고기를 안 먹는 것 정도를 뛰어넘어서 돼지고기가 담겼던 그릇에 담긴 다른 음식도 안 먹는다. 초코파이 안에 들어 있는 하얀 마시멜로우에는 돼지고기에서 추출한 젤라틴이 들어 있어서 중동 지방에 판매하는 초코파이는 다른 재료로 만들었다는 유명한 일화가 있을 정도다. 유대교 정결을 따지는 이스라엘에서는 이방인이 음식을 담아서 먹었던 그릇을 부정하다고 던져버리는 일이 비일비재하다.

남자의 문화가 다르고 여자의 문화가 다르다. 어른과 청년의 문화가 다르며, 학교의 문화가, 동네의 문화가, 직장의 문화가, 군대의 문화가, 지역의 문화가 다르다. 여기서 누가 맞고 어디가 좋은 것이라고 할 수는 없다. 그냥 그런 문화가 있는 것이다. 이것처럼 다르다는 것, 다르게 생각할 수 있다는 것을 인정하자.

지혜롭지 못한 사람들은 다른 것을 인정하지 못한다. '나는 이런 생각이 드는데 남들이 다르게 생각할 수 있다는 사실을 인정할 수 없다', '다른 생각이 드는 것은 이상한 일'이라고 여긴다. 그러나 '내 생각은 맞고 그 사람 생각은 틀렸다'고 하면 세상에 이상한 사람이 많아진다. 이렇게 주변에 이상하고 도저히 이해할 수 없는 사람이 많다면 당신은 '상대주의'가 약한 것이고 지혜롭지 못할 가능성이 크다.

사람은 상황과 문화에 따라 목표, 가치, 우선순위가 다르다. 성격, 동기, 관심, 능력이 다 다르기 때문에 다른 삶의 궤적을 선택하고 인생을 다른 방식으로 해석한다. 각자 다른 방법으로 일을 처리한다. 문화가 다른 곳에서 자란 사람은 다르게 반응한다. 그래서 내가 가진 이러한 특수성과 다른 사람의 특수성이 만났을 때는 그 차이 사이에서 가장 적절한 선택을 해내는 것이 지혜다.

나와 생각이 다른 사람을 인정한다는 것

문재인 정부의 공약 중에서 '최저임금 1만 원'은 큰 이슈가 되었다. 기존 최저임금에서 약 40퍼센트 이상을 올리는 것으로 노동자는 큰 환호를 했지만 소상공인은 "모두 죽으라는 말이냐"라면서 반대했다. 일하는 사람 입장에서는 시급 6,500원으로 살다가 1만 원 정도되면 그래도 살 만해진다. 저녁 시간만 할애하면 웬만한 월급이 나온다.

반대로 업주 입장에서 보면 아르바이트하는 사람이 주 4일 저녁과 야간에 8시간 정도 근무를 하면 기본 수당 일급에 주휴 수당, 야간 근로 수당까지 더해 260만 원이 넘는다. 이런 인건비를 감당하는 것은 쉬운 일이 아니다. 하늘 높은 줄 모르고 올라가는 임대료를 생각하면 아르바이트를 쓰지 못할 수도 있다. 아르바이트를 쓰지 않고 주인이 직접 일을 하는 것도 가능하다. 일자리는 줄어들고 주인의 삶은 팍팍해진다. 물론 기본적인 임금을 보장하는 것은 좋은 일이지만 이것은 서로 물고 물리는 일로 돌아간다.

 6을 뒤집어서 보면 9가 되듯이, 어떤 프레임으로 세상을 보느냐는 다양한 답을 가져온다.
 무인도에 난파한 사람은 멀리서 자기를 향해 오는 배를 발견했을 때 구세주 같은 느낌이 들겠지만, 엔진이 고장 난 배가 표류하다가 섬을 발견했을 때는 그 무인도가 구세주처럼 여겨질 것이다. 반정부 시위를 계속하던 대학생이 의무경찰로 입대한 날부터는 그 시위대를 막는 방패 역할을 해야 하는 것이 세상이다.

 오직 자기 관점으로만 세상을 바라보고 그 관점에 맞지 않는 것은 모두 이상하다고 생각하는 사람은 도저히 지혜로워질 수 없다. 인터넷 세상에서 많이 쓰이는 유행어인 '취존', 즉 '취향입니다. 존중해주시죠'도 그런 내용이다. 취향이나 기호는 좋고 나쁜 것이 아니며 절대적인 순위가 있는 것도 아니고 모두 평등하므로 존중받아야 한다. 물론 남에게 피해를 주는 취향까지 존중받아야 한다는 것은 아니며, 타인의 자유를 침해하지 않는 한 자유가 보장되듯이 남에게 피해를 끼치지 않는 선에서만 존중받을 수 있다.

원저의 제목은 'The Republican Brain', 즉 '공화당원의 뇌'라는 말이지만 《똑똑한 바보들》이란 이름으로 번역된 책에서, 크리스 무니Chris Mooney는 보수주의자와 진보주의자는 두뇌 자체가 다르다는 것을 극명하게 밝히고 있다. 이 책에서 한 연구팀은 연구 대상자들에게 위험한 도박을 과제로 수행하도록 했다.

대상자들이 스크린을 보고 있으면 스크린에는 세 개의 숫자(20, 40, 80)가 1초에 하나씩 오름차순으로 깜박인다. 그 숫자 중에 하나가 스크린에 떠 있는 동안 버튼을 누르면 그 숫자만큼 돈을 센트 단위로 따는 게임이었다. 그런데 20센트는 언제나 딸 수 있지만 40이나 80은 가끔 빨간색으로 나타났고 그러면 40센트나 80센트를 잃게 되었다. 테스트에서 1초씩 기다리고 있을 때마다 큰돈을 딸 수도 있지만 등시에 큰돈을 잃을 수도 있었다.

이 과제에서 위험을 선택하고 돈을 딴 보수주의자들은 편도체 활동성이 더 증가한 것으로 나타났다. 편도체는 위험이 있을 때 활동이 높아지는 뇌 부위인데 보수적인 사람들은 위험에 대해서 더 민감하게 반응했다.

진보주의자와 보수주의자는 두 가지 점에서 차이를 보인다. 보수는 진보보다 성실하고, 보수보다 진보가 훨씬 더 개방적이다. 그래서 어느 정도 자기 주장을 바꾼다거나 하는 경우가 쉽지만 보수주의자는 웬만해서는 자기 신념을 안 바꾼다. 성실한 보수주의자에 비하여 진보주의자는 우유부단하고 결단력이 떨어진다. 이 부분을 조직력이 강하고, 추진력이 있는 보수주의자가 보완해주어야 한다는 말이다.

세상에는 보수주의자도 있고 진보주의자도 있다. 서로 틀렸다고 비난하기만 해서는 세상은 돌아갈 수 없다. 나와 다른 시각을 가진 사람이 있다는 것을 인정하는 자세가 필요하다.

나와 다른 사람의 생각은 다를 수 있다. 내 생각이 맞을 때도 있지만 틀릴 때도 있다. 내 상황에서는 내 생각이, 그 사람 상황에서는 그 사람 생각이 맞을 수도 있다. 내가 세상의 중심이라면 그 사람도 세상의 중심이다.

사람들 각자가 가진 능력과 생각은 모두 각자의 개성을 지닌다.
따라서 자신 있게 목소리를 낼 수 있다면
우리는 그 누구에게도 없는 소리를 내는 것과 같다.
그러면 전 세계가 우리의 개성의 하모니로 울리는
오케스트라가 된다.

- 웨이슈잉,《하버드 새벽 4시 반》

절대자 신을 제외하고는 모든 것이 다 상대적이다.
그것을 아는 것이 지혜다.

원리 4
지혜는 불확실한 것을 견디는 것이다
확실하지 않은 것을 견뎌라

해방 이후 우리나라 상황은 정말 한 치 앞도 내다볼 수 없었다. 우선 나라가 제대로 설 때까지 강대국의 신탁통치를 받아들일지, 남한만의 단독정부를 만드는 것이 좋을지, 어떻게 해서든 기다렸다가 합작 정부를 만들어야 하는 것인지 알 수가 없었다.

6·25 전쟁을 겪으며 나라가 초토화가 되었고 그 폐허에서 발전이 시작되었다. 발전 도중에도 확실한 것은 하나도 없었다. 조선소와 제철소를 들여놓을 수 있을지, 고속도로를 만드는 것이 나라에 도움이 되는지도 알 수 없었다. 이런 불확실한 환경 속에서 한 발

한 발 발전해온 것이 우리나라다. 덕분에 그 시대를 살아온 사람들은 웬만한 불확실성에는 내성이 생겨서 잘 감내할 수 있게 되었다. 거의 모든 것이 불확실한 상황 속에서 배짱을 튕기는 사람도 있고, 확신하는 사람도 있고, 어찌할 바를 모르는 사람도 있었다. 확실한 것은, 그래도 살아왔다는 것이다.

이때와 비교하면 요즈음 젊은이들은 불확실성을 견디는 능력이 크게 떨어져 있다. 세상이 점점 굳어지고 뻔해지면서 이른바 흙수저로 태어난 사람들은 흙수저로 인생을 마칠 것 같다는 인식이 강하다. 사회의 변동성이 적어지면서 확실한 보장을 받을 수 있는 일만 하고자 한다. 공무원, 경찰, 교사 등 앞날이 확실한 직업만 가지려고 한다. 의사처럼 대학에 들어가면서 미래가 결정되는 직종만이 인기다. 수십만 명의 청년이 '공시족'이라는 이름 하에 공무원 시험을 봐서 확실한 자리를 보장받으려고 기다리고 있다. 불확실한 것을 견디지 못하고 감수하려고도 하지 않는다. 자녀뿐만 아니라 부모도 자신의 자녀가 미래가 불확실한 직업을 갖겠다고 하면 마음이 어렵다. 주거지가 확실하지 않아서 결혼도 못하고, 직업도 확실하지 않으니 결혼도 하지 않는다. 자녀를 확실하게 키울 자신이 없으니 자녀도 낳지 않는다. 요즘 사람들은 모든 것이 갖추어진

뒤 움직여야 하니 되는 일이 많지 않다. 확실한 직업, 확실한 투자처, 확실한 보장이 있지 않으면 움직이지 않는다.

확실한 것만 바라면 안 되는 걸까

원래 산다는 일은 불확실한 것이다. 그런데 확실해야 움직이려고 하니 어떤 일도 제대로 되지 않는다. 확실함을 추구하다가는 인생을 잘 살기 어려운데 확실한 것만 바라본다.

 1980년대에 한 세대를 풍미한 유명 TV 시리즈 중에 〈맥가이버〉가 있었다. 금발의 미남 주인공 '맥가이버'는 화학이나 물리학의 기본지식을 가지고 주변 사물을 이용해서 폭탄도 만들고, 발전기도 만들어가면서 어려운 일을 쓱쓱 해결한다. 그때까지 첩보물은 멋진 장비와 신기술로 무장하여 어려운 미션을 해내는 것이었는데, 맥가이버는 총 한 방 쏘지 않고 적을 물리치면서 당시에 선풍적인 인기를 끌었다. 주인공 맥가이버가 머리를 써서 새로운 물건을 만들어내는 행동이 신기하기도 하고, 학교에서 배운 화학이나 물리 공식이 생동감 있게 적용되는 것을 보면서 '산 교육'이 무엇인지 보여준 것도 큰 재미였다.

집에서 뚝딱거리며 물건을 만드는 아이가 많아지고 학교에서도 실습이 늘어나는 효과가 있었다. 이렇게 잘 준비되지 않은 상황에서 현재 주변에 있는 것만 가지고 뚝딱뚝딱 만들어내는 행동을 '브리콜라주Bricolage'라고 하며 그런 사람을 '브리콜뢰르Bricoleur'라고 부른다.

브리콜라주라는 말은 프랑스의 인류학자 클로드 레비스트로스Claude Lévi-Strauss가 《야생의 사고The Savage Mind》라는 책에서 신화와 의식으로 나타나는 부족사회의 지적 활동을 설명하는 용어로 소개했다. 브리콜뢰르는 원시 시대의 한정된 자료와 도구를 가지고 다양한 작업을 해내는 임시변통에 능한 사람이다. 이와 반대되는 사람이 현대의 엔지니어Engineer다. 정확한 개념과 철저한 설계도를 가지고 논리적 결론에 도달하는 사람을 말한다.

원시 시대에서 현대 사회로 넘어오면서 논리가 중요해져 엔지니어가 세상을 풍미했지만 원래 인간은 근본적으로 브리콜라주의 삶을 살았다. 엔지니어는 모든 일이 논리적이고 체계적이라고 보지만, 세상은 오히려 더 복잡해지고 있으니 엔지니어보다는 브리콜라주를 하는 브리콜뢰르가 살아남기에 유리해질 수 있다는 이야기다. 미술에서도 브리콜라주는 손에 닿는 대로 아무것이나 이용하는 예술 기법을 말한다. 임기응변이 중요한 세상은 이미 열렸는데 우리는 아직도 다 준비된 것으로 살아가야 하는 엔지니어만이 확실한 길이라고 생각한다.

확실하지 않은 것을 견디는 것이 중요하다는 것은 '스톡데일 패러독스Stockdale Paradox'에서도 알 수 있다. 제임스 스톡데일James Bond Stockdale 중령은 1965년 월남전에서 임무 수행 중 대공포에 격추되어 겨우 살아남았다. 추락으로 인한 부상에 더하여 무자비한 고문으로 다리가 부러지고 팔이 마비될 지경이었다. '하노이 힐튼'이란 별명으로 불리던 악명 높은 수용소에서 가혹한 고문과 폭행을 당했다. 이후 8년 가까운 시간 동안 가장 열악한 환경에서 버텼다. 다른 동료들은 그 시간 동안 절망하고 포기하고 사라져갔다.
  나중에 그가 쓴 회고록에 의하면 당시에 곧 나갈 수 있을 거라는 막연한 희망을 가지고 그것을 믿었던 사람들, 즉 '크리스마스에는 나갈 수 있을 거야', '다음 추수감사절에는 나갈 수 있을 거야'라고 생각한 막연한 낙관론자들은 목표한 날이 지나 희망이 없어지자 계속되는 상심을 못 이기고 결국 목숨을 잃고 말았다. 반면에 현실의 고통을 인정하면서 합리적 의지를 가지고 미래를 기다리는 사람은 난관 속에서도 살아날 수 있었다. 낙관주의가 다 좋은 것은 아니며 맹목적인 낙관주의자들은 결국 망가진다고 하여 '스톡데일 패러독스(모순)'라는 말로 쓰이고 있다. 이처럼 진정 건강한 사람은 무엇이 어떻게 될 것인지 확실하게 알고 대비하는 사람이 아니라 어떻게 될지 모르더라도 그런 불확실성을 견디는 사람이다.

완벽주의를 위한 지혜

1976년 스티브 잡스가 나무 케이스에 모니터도 없는 투박한 플라스틱 기판과 실리콘 칩으로 된 애플1을 만들어냈을 때, 애플이라는 회사가 오늘날처럼 확고히 자리를 잡았던 것은 아니었다. 2004년 19살이었던 하버드대학교 학생 마크 저커버그가 학교 기숙사에서 사이트를 개설하며 창업할 때 오늘날의 페이스북이 될 것이라는 보장은 전혀 없었다.

확실한 것만 바라보면 위험을 감수할 수 없다. 인생은 때로는 위험한 일을 할 수도 있어야 하고 불확실한 것을 견딜 수 있어야 한다. 완벽하게 보장된 확실함만 찾다가는 제대로 된 인생을 살기 힘들다. 완벽주의자가 살기 가장 어려운 시대는 불확실성이 가득 찬 요즘이다.

당신이 확실함을 추구하는 완벽주의자라면 진정 확실한 점 한

가지는 은 것이다. 앞으로 당신 인생에는 불확실한 일이 반복해서 지속적으로 일어날 것이며, 완벽하려는 당신 마음에 끊임없는 상처를 줄 것이다.

삶은 결정된 것이 아니고 예측하기도 어렵다. 그 누구도 삶의 모든 것을 알 수는 없다. 중요한 점은, '알 수 없다'라고 하는 것만으로는 충분치 않다는 사실이다. 이렇게 불확실한 세상에서 '어떻게 살 것인가' 하는 것에 대한 관리 능력도 있어야 한다. 불확실한 와중에도 가장 좋은 결정을 내릴 수 있도록 하는 것이 지혜다.

삶에는 항상 위험이 따른다.
그러나 용기를 내는 수밖에 없다.
약속된 것은 아무것도 없다.
그렇다고 해서 아무런 결정도 하지 않거나
어떤 일이든 사전에 안전하다는 것을 확인하고 나서야
움직이는 사람은 인생을 놓치게 될 것이다.
낯선 것을 거부하는 사람은 결코 자신의 힘을 키우지 못한다.

- 안젤름 그륀, 《하루를 살아도 행복하게》

세상은 불확실한 것이며
그 불확실성 속에서 좋은 판단을 하는 것이 지혜다.

원리 5
지혜는 장기적인 안목을 갖추는 것이다
길게 보라

야구팬들은 해마다 봄을 기다린다. 겨우내 쉬었던 대망의 페넌트 레이스가 시작된다. 전국에서 첫 경기가 열리고 그 주말과 주중을 지나 또 주말이 되면서 순위가 매겨진다. 그러나 그 순위는 절대로 고정된 것이 아니다. 이른바 가을 야구를 하기 위해서는 봄과 여름과 초가을을 잘 견뎌야 한다. 한 번 이긴 것이 다 이긴 것도 아니고 한 번 진 것도 다 진 것이 아니다.

"인생은 마라톤이다"라는 말을 많이 한다. 그러나 인생은 다라

톤이 아니다. 마라톤은 고작 42.195킬로미터를 뛰는 경기에 불과하다. 그러나 인생은 그것보다 훨씬 긴 경기다. 마라톤 풀코스는 수준급 선수는 두 시간 대에, 아마추어는 서너 시간에, 처음 뛰는 사람도 열 시간 정도면 주파할 수 있는 거리다. 그러나 인생은 절대로 하루에 끝나지 않는다. 천천히 걸어서 하루에 갈 수 있는 거리라면 매일 마라톤을 하는 것과 같다. 평균 수명을 80년이라고 보았을 때 365회 곱하기 80년이니, '인생은 마라톤'이 아니라 '인생은 마라톤 3만 번'과 같은 것이다.

길게 보고 때를 기다린다는 것

길게 보는 것은 쉬운 일은 아니다. 사람들은 늘 눈앞의 일을 처리하는 데 특화되어 있다. 그래서 지금 당장 문제가 있으면 인생이 문제투성이인 것처럼 생각한다. 기말고사를 망쳤다고 가출을 하고 수능 시험을 망쳤다고 절망하는 아이들도 길게 보지 못했기 때문이다.

'새옹지마塞翁之馬'라는 고사의 교훈도 결국 '길게 봐야 한다'는 말이다. 중국 변방에 사는 한 노인, 즉 새옹에 대한 이야기는 무한히 계속될 수도 있다. 군대 간 아들이 어찌 되었다는 식으로 나갈 수도 있고, 정작 그 노인은 어떻게 되었는지 한없이 물어볼 수도 있다. 화가 바뀌어 복이 될 수도 있지만 그보다 중요한 교훈은 무조건 길게 봐야 한다는 것이다.

세월을 낚는 것으로 유명한 강태공은 원래 상나라 하급관리 출신으로 다른 것을 다 마다하고 병서만 파고든 인재였다. 십수 년째 위수 강가에서 은둔생활을 하면서 상나라가 망할 것으로 보고 세를 역전시킬 기회를 기다리다가, 인재를 찾던 서백창을 만나서 등용된 이후 천하를 제패하는 일등공신이 된다. 많이 알려진 것처럼 직선 바늘로 물고기를 낚을 생각은 없이 사람들의 이목을 끌어서 새롭게 일어서는 주나라 문왕의 참모가 되는 데에 성공한 것이다.

길게 본다는 것은 시간 축의 길이에 따라 큰 차이가 날 수도 있다. 영겁의 세월 속에서 끊임없는 윤회를 생각하는 인도 사람들은 현세의 어려움을 길게 볼 수 있어 큰 문제로 보지 않는다. 진정한 크리스천들은 하나님의 나라를 생각하며, 지금의 고통과 핍박을 견딜 수 있고 심지어 순교까지 할 수 있다. 이렇게까지는 하지 못하더라도 인생을 길게 보는 것은 꼭 필요하다.

때를 기다린다는 것은 어려운 일이지만, 실제로 우리가 할 수 있는 것은 기다리는 일밖에 없다. 세상을 살다보면 어려울 때가 있다. 아무리 애를 써도 일이 풀리지 않는 때가 있다. 고난의 시기를 견뎌야 하는 때가 있다. 이럴 때는 어떤 방법을 써도 고난이 줄어들지 않는다. 그냥 지나가기를 기다릴 수밖에 없다.

한 사진 작가의 작품전에 가본 적이 있다. 같은 위치에 카메라를 두고 여러 해어 걸쳐서 같은 앵글로 사진을 찍었다. 눈 쌓인 땅에 봄이 오면서 파릇파릇 풀이 돋고, 여름이 되면 수풀이 무성해지고, 가을에는 낙엽이 쌓이고, 겨울이 되면 언제 그곳에 풀이 있었나 싶게 언 땅만 보이고, 거기에 또 눈이 쌓이고 시간이 지나면서 풀이 돋고……. 이렇게 눈이 쌓이는 때가 있고 풀이 돋는 때가 있고 무성한 때가 있다.

때를 기다리는 것은 결코 패배자나 루저의 논리가 아니다. 때를 기다린다는 것은 엄청난 희망이다. 죽은 자들은 때를 기다릴 수 없다. 때를 기다린다는 것은 살아있는 자에게 주어지는 가장 큰 축복일 수 있다. 살아있으면 때를 기다릴 수 있다.

그런데 이 때를 길게 바라볼 수 있는 것이 지혜의 식견이다. 지금은 비록 꿈쩍하지 않을 것 같은 일도 길게 보면 이루어질 수 있다. 아이를 키워본 사람들은 다 알 것이다. 그렇게 공주 옷만 입겠다던 아이가 나이가 좀 들면 바지만 고집하고, 그렇게 놀이동산에 같이 가자고 하고 축구를 함께하자고 하던 아이가 나이가 들면 친구들하고만 놀려고 한다. 공부를 안 해서 속썩이던 자녀는 자기도 아이를 낳고는 '부모도 이렇게 속을 썩였겠구나' 생각한다. 결국 자식은 부모가 되고 나면 철이 든다. 세월이 흐르고 긴 시간이 지나서, 그야말로 세월의 삭힘이 있어야 가능한 일이다.

인생은 절대로 짧지 않다

안타깝게도 세상은 장기적 시각을 유지하지 못하도록 한다. 우리나라 상위 3만 개 기업의 평균 수명은 고작 17년에 불과하고, 1965년의 100대 기업 중 40년 후까지 살아남은 기업은 단지 16개에 불과하다. 이 사실은 장기적 안목을 가지고 길게 보고 사업을 해야 한다는 의미인데, 해석을 거꾸로 한다. 오래가지 못하니 빨리 벌고 끝내야 한단다.

젊어서 성공하지 못하면 잘못되었다고 여긴다. 당장 잘되지 않으면 문제라고 생각한다. '대기만성大器晩成'이라는 말은 이제 전혀 덕담이 되지 못한다. 대학을 잘 가지 못하면 이후 인생은 회복할 길이 없으니 '이번 생은 망했다'라고 여긴다. 요즘에는 중학교 2학년 정도만 되면 "나는 이번 생에서는 글렀어"라고 좌절하는 아이들이 나온단다.

모든 것을 단기에 끝내버리려 하고 빨리 해치우는 것이 미덕이 되었다. 보건과 의료가 발전하면서 우리는 오래 살 수 있게 되었지만 오히려 더 일찍 죽어버릴 사람들처럼 성급해졌다. 전쟁의 폐허 위에서 급속하게 경제 성장을 이룬 우리나라 사람들은 특히 장기적인 안목보다는 짧은 시간에 승부를 내는 것이 몸에 배었다. 약속 시간을 잘 지키지 않아 '코리안 타임'이라는 말이 있었을 정도로 느긋했던 우리가 '빨리빨리' 민족이 되었다.

거의 모든 분야에서 장기적 안목은 사라지고 있다. 삼성이나 현대 같은 기업이 글로벌 기업으로 성장하면서 이른바 '한국형 경영'이 성과를 거둔 것이다. 즉 단기 성과 지향성과 급속 실행력이 힘을 발휘했다는 말이다. 사원의 장기적인 잠재력과 태도보다는 업무 능력과 즉각적인 생산성 도출이 중요해졌다. 이런 기업에 맞추다 보니 모든 교육도 이런 인재를 만드는 것에 집중하게 되었고 모든 문화도 단기에 승부를 내는 것만이 미덕인 사회가 되었다.

5년의 임기 동안 성과를 내야 하는 대통령도 국가의 장기적인 발전보다는 정권을 유지하기에 유리한 단기 정책만을 내놓고, 국회의원이나 지자체 의원들도 눈에 보이는 성과, 표가 나는 일만 하게 되면서 장기적 시각은 꿈에서나 바랄 수 있는 미덕이 되어 버렸다.

인생은 생각보다 길다. 생태학자 최재천 교수의 말에 따르면, '100세 인생'이라고 할 때 전반기 50년은 번식기이며 그 후 50년은 번식 후기로 구분할 수 있는데, 인간은 번식을 멈추고도 수십년을 살아가는 독특한 동물이다. 60세 정도에 은퇴를 한다면 인생 후반의 대부분은 일 없이 살아야 하는 사람이 많다. 은퇴 후의 삶을 장기적으로 생각하고 이모작, 삼모작의 삶을 살아야 한다.

요즈음 장례식장에 가보면 고인의 연세가 보통 80~90대다. 그들은 일제 시대 때 태어나서 전쟁도 겪고, 4·19, 5·16 등 어렵던 시대를 살아왔던 사람들이다. 그 이후에 태어난 세대들은 훨씬 유복하게 잘 먹고 잘 살아왔다. 기대수명Life expectancy at birth이란 0세 출생자가 앞으로 생존할 것으로 기대되는 평균 생존연수를 말한다. 2019년 기준 우리나라 평균 기대수명은 남자 80.3세, 여자는 86.3세다. 남녀 평균은 83.3세다. 이는 어린아이 때 죽은 사람들, 젊어서 사고로 죽은 사람들을 모두 포함한 평균 수명이다. 그래서 이미 나이가 든 사람들은 대부분 100세를 살 가능성이 있다. 현재

40세는 60년은 더 살 수 있다는 말이고, 50세라도 50년, 60세라도 40년 정도 더 살 수 있다. 젊은이들에게는 더 말할 나위가 없다. 인생은 절대로 짧지 않다.

세상을 바꾸는 위대한 비전은 멀리 보는 습관에서 나옵니다.
연구 결과 우리 사회에서 성공한 사람은
장기적인 시각을 가진 사람들이었다고 합니다.
성공한 사람들은 10년, 20년 후의 미래를 줄곧 생각해왔으며
시간의 긴 수평선 위에서
필요한 의사결정을 해온 사람들입니다.

- 에드워드 밴필드, 미국 하버드대학교 교수

지혜는 긴 시각으로
길게 보아야 나오는 산물이다.

원리 6

지혜는 겸손함과 고요함과 마음챙김의 태도를 갖추는 것이다
더 큰 차원이 있다는 것을 알아차려라

현대인은 생산, 소유, 성취의 노예가 되어가고 있다. 그러다 보니 항상 일을 해야 한다. 가만히 있지를 못 한다. 뭐라도 떠들어대야 존재감을 발휘할 수 있는 것처럼 여긴다. 사회는 눈에 띄는 사람을 찾는 것 같다. 그래서 항상 "내가 여기 있소", "나는 중요하오"라고 말하는 사람들이 있다. 실제로 세상은 그런 사람을 주목한다. 항상 자기 주장을 하고 주인공이 되어 주목받아야 의미가 있다고 생각한다. 이렇게 '내가 중요하다'고 가르치다 보니 자기 중심적이 되고, 자기밖에 모르는 사람이 많아졌다. 여기까지는 어쩔 수 없는 시류라고 하더라도 자기 중심적인 것을 넘어 자기가 가장 큰 존재인 줄 알고, 마치 세상을 자기가 돌리고 있다고 생각하는 사람도 존재한다.

이 세상에는 자기 자신보다 큰 존재가 있다. 내가 모르는 것도 있고, 생각해보지 못한 것도 있다. 다 알고 다 잘해서 훌륭한 것이 아니라 그냥 인간은 그 자체로 귀하다. 인간은 무엇을 만들어내지 않더라도 그냥 있는 그대로 이미 충분한 존재다. 그러나 이제 우리는 아무 일이라도 하지 않으면 존재감이 없는 것처럼 느끼게 되었다. 그러다 보니 자기 자리에서 조용히 자기 일만 하는 사람을 존재감 없는 사람 취급을 한다.

우리는 어려서부터 "그 자리에 꼭 있어야 하는 사람이 되라"는 말을 들어왔다. 그러나 "있는 듯 없는 듯한 사람이 되라"는 것이 더 중요한 교훈일 수 있다. 세상에서 치고 나가는 동력을 가진 사람이 필요할 때가 있지만, 그 사람을 따라가는 팔로우십이 리더십보다 힘을 더 발휘할 때가 있다.

인간을 네 부류로 나누는 겸손의 가치

내가 생각하는 것보다 더 큰 차원이 있을 수 있다고 믿는 사람들이 행동 양식으로 표현하는 것이 겸손이다. 남을 존중하고 자신을 내세우지 않는 겸손은 현대인이 참 가지기 어려운 덕목이다. 자기를 내세우지 않다가는 존재감 없는 껍데기처럼 여겨질까 봐, 다른 사람들이 자신을 깔아뭉갤 것 같은 두려움 때문에 겸손하기 쉽지 않다. 겸손한 듯 보이는 사람이 실상은 마음속에 무서운 적개심을 품고 있는 경우도 있어서 진짜 남을 존중하는 것인지는 알기 어렵다. 그러나 진정한 겸손은 본인의 실력이 뒷받침되어야 할 수 있다. 남을 존중하는 바탕에는 자기 자신에 대한 존중이 뒷받침되어야 한다. 그래야 진정한 겸손이 발휘될 수 있다.

나는 기본적으로 인간은 네 부류가 있다고 본다.

첫째, 훌륭한 사람이다. 자신을 존중하고 남을 존중한다. 자신을 귀하게 여길 줄 알아야 남도 귀하게 여길 줄 안다. 타인과의 관계도 잘 이끌어가며 자신과의 관계도 잘 유지한다.

둘째, 나쁜 사람이다. '나쁜 놈'이라는 말이 '나뿐인 놈'이라는 말에서 나왔다고 하듯이, 오직 나밖에 모르는 사람이다. 나를 귀하게 여기지만 남은 발가락의 때만도 안 여긴다. 자신의 이익을 위해서 남은 어떤 피해를 당하든지 알 바가 아니다.

셋째, 착한 사람이다. 남은 존중하지만 자신은 존중하지 않는다.

남을 돌보느라고 자신이 얼마나 아픈지 모른다. 착한 사람 콤플렉스가 있어서 자기를 돌보려고 해도 잘되지 않는다. 자신의 욕구보다 항상 남의 눈치가 더 중요하다. 주변 사람들은 편의를 위해 이런 착한 사람을 자꾸 이용한다. 그러다 보니 세상살이에서 상처를 많이 받고 점점 더 지쳐간다.

넷째, 아픈 사람이다. 자기도 돌보지 않고 남도 돌보지 않는다. 남을 돌보지 못하므로 관계가 나빠지고 이것이 아픈 자신을 회복시키기 어려운 쪽으로 작용해서 악순환이 된다. 자신을 싫어하는 것을 넘어 혐오 수준으로 가기도 한다. 세상만사가 다 싫고 미우니 심한 우울증으로 이어지기도 한다.

이렇게, 사람에 대한 존중은 훌륭한 사람이거나 최소한 착한 사람이어야 할 수 있는 일이다. 착하기만 해서 자신을 존중하지 않는 것은 가짜 겸손이다. 겸손하려면 훌륭해야 한다. 훌륭한 사람만이 겸손할 수 있다. 또 겸손한 사람은 훌륭해질 수 있다는 말도 된다.

남을 존중하는 일은 남들의 웬만한 태도나 말에 상처를 덜 받는 것과도 연결이 된다. 남을 존중하지 않으면 그들의 어떤 말이나 태도가 너무 거슬린다. 내가 그 사람이 아니니 그 사람이 왜 화를 내는지, 왜 기분이 나쁜지, 왜 그렇게 생각하고 느끼는지 알기가 어렵다. 또한 겸손하지 않으면 다른 사람을 존중할 수 없기 때문에 그들의 태도나 말을 이해할 수 없고 답답하고 화가 난다. 남의 문제에 쓸데없이 얽히게 된다. 겸손한 사람은 적어도 '그 사람 입장에서는 그럴 수 있겠지'라고 생각하며 불필요한 에너지를 쏟지 않을 수 있다.

남을 있는 그대로 존중하는 것은 여간한 고수가 되기 전에는 올라가기 어려운 경지이기는 하지만 지혜 있는 사람이 되기 위해서는 반드시 거쳐야 하는 단계이기도 하다.

삶에 겸손한 사람은 고요하다

겸손의 궁극은 사실 삶에 대한 겸손이다. '안 되면 되게 하라', '불굴의 의지', '불가능을 가능하게' 등의 표어를 외우면서 살아온 우리는 세상만사가 자기 힘으로 될 수 있다는 착각, 어떻게 보면 아주 황당한 교만을 가지고 있다. 개신교의 거두 장 칼뱅Jean Calvin이 주장한 첫 번째 교리는 '인간은 완전히 무능력한 존재라는 사실을 믿는 것'이다. 실제 인생에서는 내 힘으로 도저히 어쩔 수 없는 불가항력적인 일이 일어난다. 그런 일은 풀어가는 것 자체가 불가능하고 아예 해결하지 못하는 경우도 있다. 그러나 그런 것도 삶이다. 나로서는 어떻게 할 수 없는 일이 벌어졌을 때 잠잠하게 삶에 순순히 복종하는 것처럼 대단한 겸손은 없다.

겸손한 사람의 삶에서 표현되는 것이 고요함이다. 정서적 고요함을 약간 오해하기 쉽다. 지혜가 있으려면 조용해야 한다는 것처럼 들린다. 하긴 전통적인 지혜의 아이콘이라고 할 수 있는 간달프나 신선 같은 존재가 마구 수다를 떨거나 떠들지는 않기에 수다스러운 사람은 지혜롭지 않다는 느낌을 가질 수도 있다. 기본적으로 말이 많고 사교적인 사람도 있고 시끄러운 사람도 있다. 그러나 반대로 말수도 적고 사람들과 사귀기 어려워하고 조용하고 말을 하지 않는 사람도 있다. 조용한 사람만 지혜롭다는 것이 아니다. 정서적 고요함은 고요하다기보다는 평온함에 방점을 두는 말이다. 성품적으로 시끄럽고 말이 많은 사람이 있지만 감정적인 흔들림이 덜한 사람이 지혜로울 가능성이 높다.

지혜로운 사람의 이미지를 떠올려보라. 시끌벅적하게 떠드는 사람이 아니라, 그윽하고 조용한 눈머로 미소를 머금고 말을 할 듯 말 듯한 사람이 떠오를 것이다. 지혜로운 사람은 말보다는 말 외의 방법으로 소통하고 신중하다. 잘 참고 조용하게 행동한다.

지혜에는 다양한 면이 있어서 이런저런 것을 고려하고 숙고해야 할 때가 있다. '숙고'라는 말 자체가 '익도록 성숙하게 생각을 깊게 한다'는 뜻이다. 숙고하는 사람이 시끄럽지는 못할 것이다. 활발하지 말라는 말이 아니다. 자기 생각만이 맞다고 주장하지 말고 다른 생각도 있을 수 있다고 여기며 남을 존중하라는 것이다. '세상을 움직이는 것은 내가 아닌 거대한 큰 힘'이라는 것을 인정하고 겸손한 태도로 자신을 돌아보는 사람이 지혜로운 성품을 지닐 수 있다.

평상시 상태와는 다른 차원이 있다는 것을 경험하는 좋은 방법이 명상이다. 명상은 마음을 집중해서 고요한 상태를 만들어 맑고 밝은 의식으로 자신과 세상을 보는 훈련이다. 명상의 종류는 너무 많다. 세상의 모든 종교에 전통적으로 각기 다른 양식의 명상 수행이 포함되어 있지만, 마음에 집중하고 자신을 성찰하고 사물의 본질을 보는 점에서는 비슷하다. 깊은 인식에 이르면 평상시 의식으로는 경험하지 못하던 차원을 경험할 수 있다. 이러면서 지금까지 내가 알던 나의 생각과 감정이 전부가 아니라는 것을 체득한다. 이 정도까지는 되지 않더라도 의식의 초점을 생각이 아닌 감각에 옮길 수 있다. 자기 생각이 세상의 모든 것이었던 점에서 벗어나 다른 차원이 있다는 것을 깨우치게 된다.

조용하게 앉으라.

그리고 그 안에서 누가

너의 생각을 관찰하고 있는지 찾아보라.

주의 깊게 바라보면

네 안에서 또 하나의 너를 발견하게 되리라

그를 주의 깊게 관찰하고 이해하려 노력한다면

너 자신을 분명하게 알게 되리라.

그렇게 안을 들여다보라.

네 안의 또 하나의 너를 찾으라.

그러면 완성이 가까우리라.

- 스와미 묵타난다, 인도의 성자

지혜로운 사람은 자신보다 더 크거나
다른 차원이 있다는 것을 알아서 겸손하고 조용하다.

원리 7
지혜는 공감하고 수용하는 것이다
공감하고 있는 그대로 받아들일 줄 알아야 한다

세 살 남짓된 아이들과 놀다 엄마가 실수로 망치질을 잘못하여 손가락을 다친 척 신음소리를 내면 여자아이들은 엄마가 다친 것을 걱정하고 심지어 울기도 한다. 그러나 남자애들은 큰 관심을 갖지 않고 하던 일만 하는 경우가 많다. 심지어 아들딸 쌍둥이일지라도 딸은 엄마의 아픔에 공감을 하지만 아들은 별 관심이 없다. 이처럼 공감 능력은 남녀 간에 차이가 있다.

물론 모든 남자는 공감을 못 하고 모든 여자가 공감을 잘하는 것은 아니다. 보통 TV 드라마를 보면서 여자들은 드라마 내용에 몰입하여 "어머, 어머, 어쩌면 저럴 수가 있어'라며 주인공에게 완전히 공감해서 울고 웃고 슬퍼하고 분노한다. 남자들은 TV에 빠진 아내를 한심하게 보면서 스포츠 중계로 채널을 돌리고 싶어한다. 그러나 이런 것은 성별 차이에 대한 일반적인 이야기일 뿐이고 사람에 따라 공감을 잘하는 사람도 있고 그렇지 못한 사람도 있다.

마음이 건강해야 타인의 감정에 공감한다

공감을 하려면 다른 사람의 감정을 알아내는 과정이 너무 중요하다. 우리 연구실에서 '채리 얼굴 영상 세트'라는 것을 제작한 바 있다. 세계적으로 유명한 석학 폴 에크먼Paul Ekman 교수는 사람의 표정으로 얼굴 연구를 많이 했는데, 이것으로 우리나라 사람들을 연구하다 보니 외국인의 표정을 이해하는 일을 어려워하는 경우가 많았다. 그래서 다양한 연령과 성별의 한국인을 대상으로 행복한 표정, 슬픈 표정, 공포스러운 표정, 역겨운 표정 등 다양한 표정을 짓게 하고 그중에서 누구나 봐도 그 표정이라고 할 정도로 표준화된 얼굴 영상 세트를 만든 것이다. 채 교수와 이 교수가 만들었다고 해서 '채리 세트'라고 하는데, 이제는 한국에서 감정 연구를 할 때 기준점이 되어서 여러 연구실에서 많이 사용되고 있다.

이 얼굴 세트를 가지고 우울증 환자와 건강한 사람들을 대상으로 얼굴 표정을 알아내는 연구를 진행한 적이 있다. 그 결과를 보면, 우울증 환자들은 행복한 사람의 표정을 보고 행복하다고 인식을 잘 하지 못했다. 우울해졌기 때문에 다른 사람의 감정을 잘 모르는 것인지, 아니면 감정 인식을 잘 못 했기 때문에 우울해진 것인지, 전후 관계를 따지기는 좀 어렵지만 정서적인 건강이 타인의 감정을 잘 알아차리는 것과 관계가 있다는 점은 알 수 있었다.

남의 감정을 알아차리는 것도 중요하지만 더 중요한 것은 자신의 감정을 똑바로 바라보는 것이다. 감정적인 고통을 겪는 사람들은 자신의 감정을 힘겨워한다. 나아가 그런 감정을 나타내는 자신을 힘들어하고 심지어 혐오하기까지 한다.

어떠한 감정이라도 자연스러운 것이고, 표현할 수 있어야 한다고 마음먹어야 자신과의 관계를 회복할 수 있다. 그렇게 자신과의 사이가 회복된 사람만이 타인과 좋은 관계를 맺을 수 있다. 감정은 누구나 가지고 있는 것 같지만, 어떤 사람은 감정을 너무 많이 나타내고 어떤 사람은 아예 감정이 발현되지 않는다. 자신의 감정을 알아차리고 감정을 표현할 수 있는 것은 아주 고차원적인 능력이면서 건강한 삶에서 매우 중요한 지표가 된다.

건강하게 살기 위해서는 항상 자신의 감정을 파악하고, 그 감정을 통해서 어떤 행동을 해나가는지를 알아보는 것이 중요하다. 사람들은 공포, 불안, 슬픔, 분노가 일어나면 그것을 없애려고 하거나 피하려는 경향이 있다. 감정은 본질적으로 없애거나 회피할 수 있는 것이 아니다. 감정은 없애는 것이 아니라 어떤 것인지를 명확하게 밝히는 것이다. 감정 자체가 나쁘거나 이상한 것이 아니다. 감정은 자연스러운 것이다. 감정이 없는 사람은 없다. 그러나 때로 감정이 넘치거나 감정이 너무 적어서 그것을 조절하려다 보니 어떤 사람은 너무 감정에 치여서, 어떤 사람은 감정이 없어서 어렵게 산다.

세상에 나쁜 감정은 없다

어떠한 감정이라도 나름대로 의미가 있다. 예를 들면 공포는 사람을 생존하도록 만들어주는 경보 장치다. 갑자기 사나운 개가 덤벼들 때 공포를 느껴야 도망갈 수 있다. 공포는 위험한 상황을 피하도록 해주며 그것은 자연스러운 감정이다. 공포 자체는 결코 나쁜 감정이 아니다.

슬픔이나 우울도 나쁜 감정이 아니다. 가족이 죽었을 때 생각이 계속 나고 넋을 잃은 것처럼 거기에만 집중하는 것, 아무것에도 의욕이 생기지 않는 것은 정상적인 반응이다. 슬픔이나 우울은 결코 나쁜 감정이 아니다.

불안도 그렇다. 중요한 발표나 면접이 있을 때 불안해지는 것은 정상이다. 불안이 있어야 대비도 하고 준비도 한다. 어떤 일을 맡을 때 집중하고 경계하기 위하여 불안이 작동한다.

분노도 마찬가지다. 자기 권리가 침해당하고 부당한 대우를 당했을 때는 분노해서 자신의 이익을 지킬 수 있게 만들어준다. 소중한 것이 위협받을 때 조치를 취하고, 해가 되지 않도록 예방하라는 감정이다.

이처럼 모든 감정은 그 자체로는 문제가 없다. 문제는 그 감정에 대한 나의 반응이다. 이를테면 불안해지면 그냥 '불안한가 보다', '무슨 경계할 일이 있나 보다' 하면 되는데 '내가 제대로 대처할 수 없구나', '무슨 큰일이 생겼구나' 하면 불안이 더 심해진다. 슬픈 감정이 올라오면 그냥 슬퍼하면 되는데 '아, 나는 실패했구나', '구제불능이구나', '이제는 희망이 없구나'라는 식으로 부가적인 생각을 하면서 문제가 생긴다.

가장 안 좋은 것은 자신의 감정을 가지고 판단하는 것이다. '이런 감정은 나쁘다' 혹은 '내가 이렇게 느끼니 나는 문제가 있다, 무능력하다, 큰일이다'라는 식으로 평가를 하거나 판단을 해버린다. 그러면 이차적으로 더욱 불안해지거나 더욱 슬퍼진다.

감정은 그대로 놓아두면 충분하다. 그 감정에 대해 어떤 판단도 보태지 않고 내가 어떤 상태인지 알고 받아들이는 것만으로 충분히 지혜로워질 수 있다.

긍정적으로 산다는 말의 진정한 뜻

사람들은 "긍정적으로 살라"고 말한다. 긍정적인 사람이 행복하고 인생을 잘 산다는 사실은 다 안다. 그러나 긍정의 진짜 뜻을 제대로 아는 사람은 별로 없다. 긍정이라고 하면 좋은 것, 좋게 생각하고 좋게 바라보고 잘될 것이라고 믿는 것이라고 여긴다. 그러나 '긍정'을 사전에서 찾아보면 '1. 그러하다고 생각하여 옳다고 인정함, 2. 일정한 판단에서 문제로 되어 있는 주어와 술어와의 관계를 그대로 인정하는 일, 즉 명제를 참이라고 승인하는 일'이라고 되어 있다. 어디에도 '좋게 생각하는 것'이라고는 되어 있지 않다.

만약 자신의 자녀가 지능도 좋지 않고, 주의력도 심하게 결핍되어 있고, 행동도 문제가 많다고 하자. 그런 아이를 긍정적으로 바라보라고 말하는 것은 아이가 앞으로는 잘될 것이라고 막연하게 생각하라는 말이 아니다. 그 아이는 이렇게 문제가 많다고 인정하고 승인하라는 것이다. 즉 긍정은 수용과 인정을 말한다. 세상에 어떤 문제라도 그렇다고 인정하고 승인하는 태도가 바로 지혜다.

모든 것을 절대적으로 수용한다는 것은

어느 순간이든 우리 몸과 마음 안에서 일어나고 있는 것을

통제하거나 판단하지 않고 의식한다는 의미다.

이는 자기나 남의 나쁜 행동을 참고

견디는 것을 의미하지 않는다.

이는 우리의 현재 순간의 경험을 수용하는 내면 과정이다.

저항 없이 슬픔과 고통을 느끼는 것을 의미한다.

누군가 혹은 무엇인가에 대한 바람이나 싫어함을 느끼되

그 느낌이나 그에 대한 행동에 대해

자기 자신을 판단하지 않는 것이다.

- 타라 브랙,《받아들임》

타인과 자신을 있는 그대로
공감하고 수용할 줄 아는 것이 지혜다.

4장

7가지 원리를 이용한 지혜 훈련

지혜가 없다면 사는 것이 어려워진다.
지혜는 각 구성 요소에 따라 여러 방법을 익히고
활용하여 증진시킬 수 있다.

··· 지혜 훈련 1 ···
지식을 쌓는다

무선 씨는 한 집에서만 수십 년을 살았다. 집이 재건축되면서 이사를 가게 되었다. 요즘은 포장이사가 대중화되어서 계약하고 이삿날만 정해주면 알아서 이사를 해주는 시스템인데 무선 씨는 이런 정보에 약했다. 이사를 자주 해본 자녀들은 편하게 가만히 계시면 된다고 수도 없이 말을 해주었지만 도저히 믿을 수가 없다. 이사 날짜가 잡히고 나서부터 동네에서 폐박스를 모아 오고 신문지로 그릇을 하나하나 다 쌌다. 옷도 보따리별로 싸놓는데 체력이 떨어져서 정말 죽을 것 같았다.

그러다가 이삿날 아침에 받은 문화적 충격은 이루 말할 수가 없다. 이사업체 직원들이 척척 움직이고 모든 짐이 박스로 착착 들어가고 깨질 만한 것은 뽁뽁이로 튼실하게 포장해서 그대로 이사 갈 집으로 옮겨주는 것이 아닌가. 그제야 자녀들 말이 무슨 뜻인지 알 수 있었다.

알아야 지혜가 생긴다

세상에서 가장 무서운 나이는 중2 때다. 세상에는 중2 자녀를 키워본 사람과 그렇지 않은 사람이 있을 정도로 중2 학생을 다루는 것은 쉽지 않다. "북한이 핵을 가지고 있다면 우리는 중2를 가지고 있다"고 농담할 정도다. 청소년 전문가가 이야기하듯이 중2는 감정을 조절하는 전두엽이 아직 발달하지 않았고 생존과 감정의 직접적인 중추인 파충류의 뇌만 활동을 한다. 지식과 경험이 충분히 쌓이지 않은 상태에서 자신이 느낀 대로만 행동한다.

문제는 어른이 되었는데도 중2 뇌를 가지고 있는 사람이 있다는 것이다. 전혀 전두엽 기능이 없는 것 같은 사람들, 생각, 지식, 경험이 하나도 축적되지 않은 것 같은 사람이 실제로 있다. 학교 졸업

이후에는 거의 책을 읽지 않았다는 사람이 많고, 지식은 오직 인터넷 검색으로 얻는 시대에 전두엽 성장 없이 몸만 커서 어른이 되어버린 중2가 너무 많다. 서울에 가보지도 않은 사람이 남산에 대해서 우기면 이기듯이, 지식이 쌓이지 않은 사람이 적은 경험만으로 우기면서 자기가 맞다고 하면 당할 재간이 없다. 주변을 돌아보라. 바로 그런 사람이 보일 것이다. 이 시대 우리나라의 가장 큰 문제가 바로 이 어른이 되지 못한 중2를 양산한 것이다.

조선 시대만 해도 사서와 삼경을 기본적으로 읽고 배워야 했다. 사서는 《대학》, 《논어》, 《맹자》, 《중용》이고 삼경은 《시경》, 《서경》, 《역경》이다. 이 책들이 무엇인가. 공자의 어록을 통해 삶과 학문과 정치와 예의를 이야기하는 것이고, 민요와 시와 고대사를 배우는 것이기에 공부를 하는 것만으로 삶에 대한 풍부한 데이터베이스를 구축할 수 있었다. 즉 사는 것에 대한 방식과 양상을 계속 배워 나가는 것이 공부요, 학습이었다. 물론 옛날의 사례에 집착하면서 새로운 지식을 받아들이지 않겠다는 양반들의 고집으로 결국 나라가 망해버리기는 했지만 적어도 삶을 어떻게 살아야 하는가 하는 것은 배우고 살았다.

그러나 현대의 학교가 들어오고 영어와 수학을 배우기 시작하면서 학교에서 삶의 운용 기술을 배우는 것이 아니라 그냥 기술을 배우고 상급학교에 진학하기 위해 성적을 높이는 공부만 하게 되었다. 이제 학교에서 배우는 공부만으로 삶의 지혜를 배워나가는 것은 불가능하다. 그러니 삶을 위한 지식은 <u>스스로</u> 챙겨야 한다.

지식을 쌓는 8가지 연습

지식이 쌓이는 데에는 시간이 많이 걸린다. 그래도 시간을 쓸 만한 가치가 있다. 어떻게 보면 살아가면서 시간을 가장 많이 쓰는 영역이 지식 쌓기다. 그러나 무작정 시간을 쓴다고 되는 것이 아니다. 노인이 된다고 지혜로워지는 것은 아니기에 젊은 사람도, 비록 지금 지식이 많지 않은 사람도 방법을 잘 알고, 시간을 투자하면 꽤 지혜로워질 수 있다.

1. 책 읽기

지식으로 지혜로워지는 가장 좋은 방법은 독서다. "사람은 책을 만들고, 책은 사람을 만든다"라는 말은 진리다. 그러나 우리나라의 독서량은 형편없이 적다. 어른의 40퍼센트 정도가 1년에 책 한

권도 읽지 않고, 평균 독서량도 10권 이하다. 해를 거듭할수록 독서량은 줄어들고, 책을 사는 데 한 달에 10,000원도 쓰지 않는다. 그나마 읽는 책도 베스트셀러 정도다. 스마트폰이 대중화된 뒤 더 독서량이 떨어지는 것을 보면 스마트폰을 쓴다고 스마트해지는 것은 아닌 것 같다.

다산 정약용은 20년간의 유배 생활 동안 앉은 자세로 책을 읽어 복사뼈에 세 번 구멍이 날 정도로 공부했다고 해서 '과골삼천踝骨三穿'이라는 고사성어를 만들 만큼 독서에 열심이었고, 무려 500여 권의 책을 써냈다. 그는 독서에 대해서 다음과 같이 정리했다.

첫 번째 방법은 박학博學이다. 두루, 널리 배운다는 것이다. 두 번째 방법은 심문審問이다. 자세히 묻는다는 것이다. 세 번째 방법은 신사愼思로서 신중하게 생각한다는 것이다. 네 번째 방법은 명변明辯인데 명백하게 분별한다는 것이다. 마지막 방법은 독행篤行으로 곧 진실한 마음으로 성실하게 실천한다는 것이다.

이 원칙에 따라 많이 읽고, 질문을 가지고, 신중하게 생각하고, 잘 분별하고, 익힌 대로 실천만 한다면 대단한 일이 벌어질 것이다. 그러나 이렇게 복숭아 뼈에 구멍이 날 정도로 독서를 하는 사람은 거의 없을 것이고, 또 읽은 모든 책에 대해서 생각하고 분별하고 실천하는 것은 쉬운 일이 아니다. 정약용처럼 독하게 포괄적인 통찰은 가지지 못하더라도 자기 나름의 독서 방법론을 만들어 두어야 한다.

알고 싶은 분야가 있다면 그 분야의 책부터 중점적으로 읽는 것이 좋다. 특별한 분야가 없다면 일반적인 지혜를 높일 수 있는 의사결정, 대인관계, 건강, 정서, 욕구 등에 대한 여러 가지 책, 특히 최근에 쏟아지고 있는 심리 이해 분야 책을 틈틈이 읽어보는 것이 유용하다. 이외에도 삶과 사람에 대한 정보를 많이 가질수록 좋은 판단이 나오는 것은 당연하니 소설, 수필 상관없이 '사람이 쓴', '사람에 대한' 어떤 책도 좋다.

많이 읽을수록 좋기는 하겠지만 다독이 체질이 아니라는 사람도 있다. 그럴 때는 정독도 좋은 방법이다. 문장을 한 줄 한 줄 곱씹으면서 '왜 이렇게 썼을까' 생각하면서 읽어보는 것도 좋다.

다독이든 정독이든 간에 책을 읽고 나서는 몇 줄이라도 따로 정리해두는 것이 좋다. 아무리 감동을 받았던 책이라도 시간이 지나고 나면 책의 제목도 잊기 쉽다. 좋았던 점, 아쉬운 점을 함께 정리해두면 정말 좋겠지만 그렇지는 못하더라도 제목, 저자, 느낀 점 한 줄만 정리해두어도 엄청난 노하우가 된다. 이것도 힘들면 책 표지에 몇 마디 써두는 것도 상당히 효과가 있다.

요즘에는 도처에 독서 모임이 있다. 비용도 많이 들지 않는다. 혼자서 읽기 벅차다면 독서 모임만 꾸준히 참석해도 꽤 건질 것이 있다. 어쩌면 책을 읽어서 기억이 나는 것보다 다른 사람이 읽고 그에 대해 자기 생각을 말했던 것이 더 마음에 오래 남을 수 있다. 정 책을 보기 힘들다면 유튜브에 거의 웬만한 고전이 오디오북 형태로 요약본, 설명본이 다 올라와 있으니 짬짬이 그것만 보거나 들어도 좋다.

인간이 찾아낸 지식을 늘리는 가장 좋은 방법은 책을 통해 남의 생각을 읽는 것이다. 당신은 적어도 지혜에 대한 이 책을 읽기 시작했기 때문에 적어도 이 책을 읽지 않은 다른 사람보다 더 지혜로워질 것은 분명하다.

2. 물어보기

주변에 지혜로운 사람이 있다면 어떤 상황에서 어떻게 하면 좋을 것인지 물어보는 것이 가장 좋다. 지혜로운 사람이라면 어떻게 결정하고 실행하겠는지 물어보고 상의하면서 배워나간다. '아, 저 사람처럼 되고 싶다'라고 하는 사람이 주변에 있으면 가장 좋다. 그야말로 직접 살을 맞대고 배우고 경험하는 것이니 더할 나위 없이 좋을 것이다.

문제는 지혜로운 사람과 늘 같이 있는 것은 아니라는 것이다. 그때 쓸 수 있는 것이 100퍼센트 정답은 아니겠지만 지혜로운 사람의 모델이 있다면 '그 사람이라면 이럴 때 어떻게 했을까' 하는 것을 스스로 물어보라. '나는 이렇게 하겠지만 그 사람이면 어떻게 했을까'를 먼저 생각해보고 조금 다른 식으로 반응해본다.

원래 우리는 자기가 잘 모르는 것을 남에게 물어보면서 살아왔다. 모르는 동네에 가서는 당연히 그 동네 사람에게 길을 물어보고, 어디 가면 맛있는 것을 먹을 수 있는지, 어디 가면 좋은 구경거리가 있는지 물어봤다. 그러나 인터넷 의존도가 높아지면서 타인에게 물어보는 것보다 그냥 인터넷 검색 엔진이나 SNS를 이용한다. 한 동네에 수십 년 산 사람도 알지 못하는 정보를 전 세계 아무나 얻을 수 있는 세상이다. 하지만 이런 정보는 결국 열심히 인터넷에 올리는 사람의 영향을 받을 수밖에 없으므로 실제와는 차이가 있을 수밖에 없다. 딱 맞는 정보를 가지고 있는 딱 맞는 사람에게 물어보는 것이 컴퓨터를 이용해서 가능해질 때까지는 주변 사람에 물어보는 태도를 잃지 말아야 한다.

《논어》에는 '민이호학 불치하문(敏而好學 不恥下問, 영민하고 배우기를 좋아하여 아랫사람에게 묻기를 부끄러워하지 않는다)'이라고 해서 학문을 좋아하는 사람은 잘 묻는 사람이라고 했다. 우리나라 사람들은 유난히 질문하는 것을 꺼리는 경향이 있다. 시간이 제한된 학교 수업에서 진도를 맞추려다 보니 중뿔나게 질문하는 사람들에 눈치를 줘 웬만한 상황에서는 질문을 하지 않는다. 서양 사람들은 아무리 사소한 것도 자기가 잘 이해되지 않으면 끊임없이 질문을 하는데, 유학 간 한국 학생들은 아무런 질문도 하지 않아서 전혀 수업에 관심이 없는 학생 취급을 당하는 경우가 많을 정도다. 지혜를 쌓을 때만큼은 이런 습관에서 벗어나보자. 주변에 지혜로워 보이는 사람이 있다면 무엇이든지 물어보자. 그에게 하나라도 얻을 수 있다면 그것만으로도 큰 이익이다.

주변에 지혜로운 사람이 없고, 닮고 싶은 사람보다는 안 닮고 싶은 사람이 많다면 이런 방법은 실행할 수가 없다. 그렇지만 궁즉통이라고, 그럴 때도 방법은 있다. 반면교사, 즉 '지혜롭지 않아 보이는 저 사람이라면 어떻게 할 것인가'라고 생각해보고 그 반대로 하는 것이다. 지혜로운 사람에게 직접 배우는 것보다야 효과가

적겠지만 의외로 나름 효과가 있다. 이럴 때는 기왕이면 정말 지혜와는 담쌓은 것 같은 사람의 행동거지를 잘 보고 그 반대로 하면 된다. 좀 슬프지만 이런 사람을 주변에서 찾는 것은 꽤 쉬운 일일 것이다. 확실히 지혜롭지 못한 이라면 그의 반대로만 하면 지혜가 내 것이 된다.

3. 공부하기

불과 얼마 전까지만 해도 책 외에는 공부 방법이 없었지만 이제는 공부 방법이 너무 많다. 인터넷 시대가 되면서 공부에 대한 접근성 한계라는 둑은 이미 무너졌다. 한참 뜨거운 유튜브만 보아도 웬만한 지식은 거의 얻을 수 있다. 수많은 요리법, 제조법, 화장법, 발성법, 운동법 등 사람이 살아가면서 알아야 할 거의 모든 것이 올라가 있고, 게다가 매일 엄청난 양의 정보가 업데이트된다. 삶의 지혜가 녹아있는 수많은 대가들의 이야기도 기가 막히게 요약한 전문 강사를 통해서 쉽게 접할 수 있다. 인류의 지혜가 켜켜이 쌓인 고전도 정리가 잘되어 있다. 책 전체가 읽기 벅차다면 책의 줄거리만 봐도 된다. 외국어로 된 것까지도 눈을 돌린다면 그 정보의 양은 상상을 초월할 정도다.

문제는 시간이다. 시간이 좀 걸리더라도 꾸준히 공부를 하면 날이 갈수록 지혜로워지는 것은 분명하다. 그러나 안타깝게도 시간을 쓰는 사람이 그리 많지 않다. 많은 사람이 영어를 잘하고 싶어 한다. 그러나 영어를 꾸준히 통달할 때까지 달려가는 사람은 많지 않다. 운동도, 다이어트도 시작은 많이 하지만 유지하는 사람은 적다. 공부법이 몸에 배기 전에 그만두기 때문이다.

메뚜기처럼 왔다갔다하며 이것저것 건드리는 것보다는 해야 할 분량을 정해놓고 매일, 매주 시간을 정해서 일정한 양을 소화하도록 기준을 세우는 것이 좋다. 중요한 것은 지속하는 것이고, 지속하기만 하면 적어도 지금보다는 나아질 것이다. 낙제도 없고, 낙방이나 재시험도 없다. 일단 하면 조금이라도 더 지혜로워진다.

4. 생각하기

정보가 넘치는 시대이기 때문일까? 정보 습득에는 연연하면서 깊은 숙고나 사려 깊은 생각은 하지 않는 사람이 많다. 많은 이가 생각하지 않고 가볍게 넘길 수 있는 것에만 관심이 있다. 정말 제대로 한번 붙잡고 생각해야 하는 것은 피하려고 한다. 골치 아프다는 이유다. 그러나 정말 쓸데 있는 것은 이런 것을 한번 돌파해 보는 힘이다.

내 평생의 스승으로 모시고 있는 한 목사님은 "평생 읽은 책보다 쓴 책이 많다"고 농담처럼 말씀하셨다. 그분이 얼마나 일을 곱씹고 철저하게 생각하는지 잘 알고 있다. 책을 아무리 많이 읽었어도, 인터넷에서 많은 정보를 보았더라도 그것을 잘 생각하고 다져서 자기 것으로 만들지 못한다면 아무 소용이 없다. 음식을 잔뜩 먹었지만 소화는 되지 않고 설사하거나 구토해버리는 꼴이다. 음식이 피가 되고 살이 되려면 잘게 씹어서 소화액과 섞이고 점막을 통과해서 피로 가고 간을 거쳐 온몸으로 퍼져야 한다. 정보를 소화시켜서 자기 것으로 만드는 것이 생각이다.

생각도 기술이라면 원칙을 알고 시작하는 것이 좋겠다. 어떤 정보를 접하면 이것이 정보를 만든 사람의 생각이나 주장인지, 정말 실제 사실을 의미하는 것인지를 따져보는 것부터 시작하자. 한 가지 의견이 있다면 혹시 다르게 생각할 수는 없을지, 그 의견에 정반대되는 생각을 내본다. 두 가지 안이라면 어떤 것이 더 호응을 얻을 것인지 머릿속으로 토론을 한번 붙여보는 것도 좋다. 너무 뻔한 사안이더라도 매사 한 번 더 생각해보고 다르게 들여다보는 것이 몸에 밴다면 적어도 사려 깊은 사람이라는 평은 받을 수 있으니 손해 볼 일은 없다.

5. 속담 활용하기

세상의 경험과 지식을 잘 담아낸 말이 속담이다. 오래전부터 사람들의 입을 통해 전해진 것이라서 사람의 마음에 대한 통찰이 들어 있다. 그 뜻을 잘 파악하고 그것에 깊게 동의할 수 있다면 나름대로 지식의 자료가 많은 것이고 그것을 현실에 적용할 수 있다면 곧 지혜로워질 수 있다.

다음 속담을 읽어보고 지금 자기 삶에서 벌어지는 일과 연결시켜본 뒤, 얼마나 잘 들어맞는지 확인해보라.

가는 날이 장날.
가는 말이 고와야 오는 말이 곱다.
거미도 줄을 쳐야 벌레를 잡는다.
구슬이 서 말이어도 꿰어야 보배.
낮말은 새가 듣고 밤말은 쥐가 듣는다.
누울 자리 봐가며 발 뻗어라.
등잔 밑이 어둡다.
소 잃고 외양간 고친다.
열 번 찍어 안 넘어가는 나무 없다.
올라가지 못할 나무는 쳐다보지도 마라.

천릿길도 한 걸음부터.

한 발 더 나아가 자기만의 속담이나 경구를 만들어보는 것도 세상을 알아가는 데 도움이 된다. 인터넷에서 유명해진 하상욱 시인의 시는 짧지만 유머러스하며 누구에게나 공감을 준다. 그처럼 기발한 시를 쓰기는 쉽지 않겠지만 나름대로 자기만의 속담집, 시집, 명언집을 만들어보면 어떨까. 내 지인인 동기부여 강사는 이런 시에 대한 강의를 듣고 100일 동안 하루에 한 편씩 유머 시를 썼다. 작품 하나 하나가 대단한 것은 아니겠지만 100편을 썼다면, 그 사이에 대단한 노하우가 쌓였을 것이다. 그것이 그를 강사계에 우뚝 선 명인으로 만들어내는 것이다.

6. 가상현실 실행하기

영어는 조금 하지만 프랑스어는 전혀 하지 못한다. 그런데 이번에 프랑스 아주 외떨어진 시골로 출장을 길게 간다. 즉석밥과 컵라면으로 끼니를 때우지 않고 동네에 있는 작은 식당에 가서 현지식을 먹어보려 한다. 그 식당에서 영어는 통하지 않는다. 간단한 프랑스어와 메뉴 이름을 외워보고 주문하는 절차를 머릿속으로 그려보라.

이렇게 외국에서 식당 가기, 민원서류 떼러 가기, 자동차 등록하기 등 어떤 일을 상상 속에서 미리 한번 해보는 방식, 즉 가상현실로 미리 살아보는 연습을 하는 것은 지식을 늘리는 좋은 방법이다.

인간이 동물보다 뛰어난 능력이 심상으로 행동해보는 능력이다. 물론 이것이 너무 발달한 사람은 이른바 '노이로제'라고 불리는 신경증에 잘 걸린다. 실제 벌어지지도 않은 일을 미리 걱정하고 고민하고 고통을 겪는다. 즉 신경쓰지 않아도 되는 일에 마음을 쓰면서 병이 된다. 여기서는 별로 신경쓰지 않아도 되는 일을 스스로 훈련 삼아서 하는 것이니 걱정하지 말고 연습해보라.

요즘은 많은 정보를 통해 이런 가상현실 미리 실행하기를 이미 하고 있다. 식당에 가기 전에 미리 리뷰를 보고, 익숙하지 않은 곳에 가기 전에 거리 뷰도 확인하는 식이다. 이런 리허설을 해보는 것은 상당히 효과적이다. 리허설 후에 실제로 해보고 난 것과 차이가 어떠했는지 되새겨본다면 앞으로 해야 하는 여러 가지 일을 쉽게 이해하고 많은 지식을 쌓아둘 수 있다.

7. 지혜 자체를 공부하기

지혜에 대한 지식 중에서 한 가지 중요한 것은 지혜 자체를 아는 것이다. 다음 문장들은 비비안 클레이턴 Vivian Clayton, 로버트 스턴

버그$^{Robert\ J.\ Sternberg}$, 라이언 홀리데이$^{Ryan\ Holiday}$ 등 지혜에 관한 많은 연구를 했던 심리학자들이 지혜로운 사람을 기술하는 말이다. 당신에게 해당되는 말이 있는지, 남이 당신에게 해줄 수 있는 말이 있는지 찾아보자. 당신을 잘 설명하는 말이라면 당신은 이미 지혜를 쌓을 준비가 된 것이다. 혹시 자신과 전혀 상관없는 말로 느껴지면, 그렇게 되도록 준비하고 시작할 시점이다.

여러 사람을 상대하면서 이해할 수 있다.

자기 자신을 잘 안다.

생각이 깊다.

많이 생각한다.

공정하다.

남의 말을 잘 듣는다.

실수 인정하기를 두려워하지 않는다.

문제의 모든 면에 귀를 기울인다.

모든 관점을 이해하고 고려한다.

많은 정보를 가지고 있다.

박식하다.

관찰력이 있다.

상식을 잘 사용한다.

통찰력이 있다.

분별력이 있다.

행동하거나 결정을 내리기 전에 생각한다.

행위의 결과를 미리 잘 저울질한다.

선견지명이 있다.

멀리 볼 줄 안다.

큰 맥락에서 사물을 본다.

말하기 전에 생각한다.

자세한 정보를 찾는다.

노련하다.

오랜 경험이 있다.

성숙하다.

직관력이 있다.

정의와 진리의 편에서 해결책을 내어놓을 수 있다.

환경을 이해하고 해석하는 능력이 있다.

도덕적이다.

상황의 본질을 이해한다.

8. 지식을 삶에 적용하기

자전거에 대해 아무리 많이 공부했더라도 실제 자전거를 탈 수 있는 것은 아니듯이, 지식 역시 많이 아는 것에 그치지 않고 삶에서 응용해보는 것이 필요하다. 노동과 기업을 알기 위해 책을 읽는 것보다는 아르바이트를 하거나 창업을 해보면 더 많은 지식을 얻을 수 있다. 그러나 매번 아르바이트를 따로 하거나 창업을 할 수는 없으니 그렇게 하고 있는 사람에 대한 관심을 가져볼 필요가 있다.

서빙하러 온 아르바이트 학생에게 일에 대해서 물어볼 수 있고 아르바이트를 하고 있는 친구에게 그 일은 어떤지 관심을 가지고 알아볼 수도 있다. 그냥 인사 치레로 하지 말고 마치 내가 그 일을 하고자 하는 사람처럼 물어보라. 성공한 사람을 취재하러 온 기자의 눈으로, 이 일을 하는 데 어려웠던 점이 무엇인지, 또 어떤 것을 조심해야 하는지 자세히 물어보는 것이 내 삶의 데이터베이스를 확충하는 데 도움이 된다.

노련한 기자가 나중에 다른 직업으로 사회 각계각층에서 활약하는 사람이 많은 것은 이렇게 사람들을 만나면서 얻은 노하우를 자기의 새로운 일에 연결시켰기 때문이다.

인터넷 포털 사이트에 검색되는 내용은 아무나 알 수 있는 활자화된 지식에 불과하다. 내 삶에 적용하려면 사람을 통해 직접 알아보는 것이 가장 효과적이다. 어떤 일이든 직접 경험이 최고겠지만 간접 경험도 꽤 괜찮다. 세상에는 참 다양한 직업이 있고, 파란만장하게 여러 모습으로 살아가는 사람이 많다. 그들에게 조그마한 지식이라도 얻어낼 수 있다면 그것도 대단한 일이다.

　사람이 온다는 건 한 사람의 일생이 오는 것과 같다는 정현종 시인의 시처럼 내가 만나는 누구의 이야기라도 어마어마한 일로 접하고 그 어마어마한 이야기 속에서 지식을 쌓아간다면 만난 사람이 많아질수록 지혜를 향한 나의 여정은 성공적으로 차곡차곡 쌓여갈 것이다.

 지식을 쌓는 훈련

◎ 많이 아는 것이 지혜의 근본이다. 지식을 끊임없이 업데이트해야 한다.
◎ 경험만큼 중요한 것은 없다.

◎ 그러나 각자의 경험은 제한이 있다는 사실을 잊지 말아야 한다. 자기 경험만 알고 믿으면 꼰대가 된다.

---

1. 책 읽기: 독서가 지혜를 만든다. 많이 읽고, 자세히 읽고, 곱씹어 생각하고, 분별하고, 실천해보자.
2. 물어보기: 지혜로운 사람에게 물어보라. 적어도 그 사람이면 어떻게 할 것인지 생각해보라. 정 주변에 지혜로운 사람이 없다면 옆에 있는 지혜롭지 않은 사람이 할 만한 행동을 거꾸로 하라.
3. 공부하기: 분량을 정하고, 지속하라. 계속하는 것이 힘이다.
4. 생각하기: 그냥 외우지 말고, 이것이 무슨 말인지 따져보자. 혹시 반대의 생각을 할 수는 없는지 다르게도 생각해보라.
5. 속담 활용하기: 속담의 내용을 자신의 인생에 맞추어보라. 남이 공감할 만한 새로운 속담, 감성 공감 시를 스스로 만들어보라.
6. 가상현실 실행하기: 리허설은 엄청난 힘이 있다. 미리 가상으로 시도해보라. 생길 수 있는 모든 것에 대해 예행 연습을 하는 것이다.
7. 지혜 자체를 공부하기: 지혜를 설명하는 요소를 보고 내가 그럴 수 있는지 맞추어보라. 정 안 되면 그냥 계속 이 책을 읽어라.
8. 지식을 삶에 적용하기: 직접이든 간접이든 상관없이 모든 경험을 실제 삶에 넣어보라.

··· 지혜 훈련 2 ···
맥락을 높인다

진구 씨는 꽤 창의성이 있는 사람이다. 학교 선배가 만든 스타트업 벤처 기업에서 일할 때 좋은 아이디어를 많이 내어 큰 성과를 거두었고 이번에 대기업으로 옮겼다. 대기업임에도 자율적으로 일할 수 있도록 해준다고 해서 이직을 결정했다. 그는 정해진 근무 시간보다는 자신이 몰입했을 때 미친 듯이 일하는 스타일이다. 그런데 새로 옮긴 회사 분위기는 그런 것을 잘 인정하지 않았다. 일단 아침에 출근하는 것이 중요했다. 출퇴근 개념이 없는 진구 씨에게 "왜 근태를 지키지 않느냐"는 부서장의 말은 자꾸 시비를 거는 것으로 들렸다. 진구 씨는 제 시간에 출근하는 그 많은 직원이 제대로 일을 하는 것 같지도 않고, 그들이 해놓은 일을 다 합친 것보다도 자기가 더 많은 일을 한다고 생각했다. 그러나 회사 입장에서는 다른 부서원들도 뻔히 보고 있는데 제 시간에 출근하지 않는 진구 씨를 그냥 둘 수는 없었다. 여러 번의 경고와 부딪힘 끝에 부서장이 한마디로 관계를 정리해버렸다.

"그렇게 당신 마음대로 하고 싶으면 창업해! 여기는 월급 받는 회사야, 더 이상 다른 말 말고 그만둬!"

그가 항변해봤지만 소용이 없었다. "스타트업과 대기업이 다르다는 것을 구분할 줄 모르는 당신에게 더는 월급을 줄 수 없다"는 부서장의 호령 속에서 회사를 그만둘 수밖에 없었다. 대기업에 간다고 이직을 만류하던 선배와 충돌이 있다가 나왔으니 돌아갈 곳도 없어져버렸다. 대기업이라는 맥락에 있으면서도 스타트업 회사에 있는 것과 같은 맥락처럼 지내려 했으니 이런 탈이 나버렸다.

병석 씨는 성실한 가장이다. 정말 열심히 일을 해왔다. 회사 자체가 바쁜 곳이기도 했지만 자신이 알아서 주말도 없이 충직하게 일을 했다. 자기뿐만 아니라 입사 동기 모두 다 그랬기에 당연하다고 생각했다.

아이들이 크는 동안 중요한 시기에 아빠가 같이 있는 것이 필요하다는 말은 들었지만 단 한번도 제대로 같이한 적이 없었다. 매일 밤 12시가 다 되어 퇴근하다 보니 주말에는 몸을 일으킬 수 없을 정도로 녹초가 되었다. 하루 종일 누워있다가 간신히 기력을 회복하고 또 한 주일을 달려갔다.

회사에서 어느 정도 자리를 잡고 나서 이제는 가족과 같이 놀러도 다녀보려고 했지만 아이들은 이미 다 커서 부모와 여행가는 것을 싫다고 한다. 그럼 둘이서라도 가자고 하니까 아내는 이번 주에 고등학교 동창들하고 약속이 있어서 여행을 갈 수가 없다고 한다. 여행을 가야 할 때가 있었는데 그러지 못했고, 지금은 아무도 함께하지 않는다. 가족과 꼭 함께해야 하는 시기의 맥락을 놓쳐버린 것이다.

때와 장소에 맞게 알아서 눈치껏 하려면

맥락은 상당히 성숙해야 파악할 수 있다. 아이들은 본연적으로 여기가 어디인지를 파악하는 능력이 떨어진다. 엄숙한 예배 장소에서 뛰어다니기도 하고, 장례식장에서도 까르르 웃기도 한다. 그렇지만 우리는 '아이들은 그럴 수 있다'고, '그러려니' 생각한다. 어차피 잘 모를 테니 아예 음악회처럼 통제가 어렵다고 생각되는 곳에는 입장을 시키지 않기도 한다. 요즘은 '노 키드 존'이라고 해서 카페나 식당에서도 아예 시끄럽게 할 것 같은 아이들을 오지 못하게 한다.

그런데 막상 어른이 되어도 맥락에 약한 사람은 어떻게 할까. '맥락을 읽지 못하는 사람은 출입금지.' 이런 곳은 없다. 자기 스스로 지금 여기가 어떤 맥락에 있는지 늘 파악해야 한다. 그러지 않으면 조용한 곳에서 떠드는 사람이 되고 말 것이다. 아니, 맥락에 민감하지 않으니 자신이 민폐를 끼치는 것조차 모를 가능성이 높다.

자폐증이나 사회성 의사소통 장애 같은 발달장애는 이런 맥락을 파악하는 데 심한 문제가 있다. 사회적 맥락에 가장 잘 맞는 적절한 방법으로 인사 나누기나 정보 나누기 같은 의사소통이 어렵다. 조근조근하게 말해야 하는 실내 상황과 크게 외쳐야 하는 운동장에서 말하는 방식을 구분할 줄 모른다. 어른과 아이에게 각기 말하는 방식이 달라야 하는 것도 파악하지 못하고, 듣는 사람의 욕구에 맞추어 의사소통 방법을 바꾸는 능력이 없다.

순서를 기다렸다가 자기 순서에 말하기, 알아듣지 못했을 때 쉬운 말로 바꾸어 말하기 등 상호 작용을 조절하기 위해 언어적 및 비언어적 신호를 보내는 것처럼 대화하는 규칙 사용을 어려워하고, 비문자적이거나 모호한 관용구, 유머, 은유, 뉘앙스와 같은 언어 외의 소통 수단을 잘 파악하지 못한다.

이것은 두뇌의 사회 소통 영역에 문제가 생기는 경증 두뇌 질환이라고 할 수 있다. 실제로 이런 장애가 있는데도 모르고 사는 사람도 많다. 그 정도가 이렇게 심하지 않아서 그렇지 자세히 보면 의사소통에 문제가 있는 사람은 아주 많다.

맥락에 약하다는 것은 나무만 보고 숲은 보지 못하는 것과 비슷하다. 상대가 화를 내거나 기분 나빠하더라도 잘 파악하지 못하고 자기가 하고 싶은 말만 한다. 상대가 듣기 싫어하는 불쾌한 표현이나 관심 없어 하는 주제를 쉬지 않고 말한다. 상대가 듣기 싫다고 표현을 하는데도 눈치 채지 못한다.

원치 않는 간섭이나 과도한 참견을 하기도 한다. 다른 사람이 이야기하고 있을 때 자연스럽게 끼어드는 것이 어렵다. 괜히 어렵게 이야기하는 것처럼 보이기도 하고 답답하게 여겨지기 쉽다. 전혀 그런 뜻이 아닌데 괜히 '오버'하는 것처럼 보이기도 하고, 또 반대로 감정을 많이 표현해야 하는 상황에서도 별 관심이 없는 것처럼 보이기도 한다.

　우리나라처럼 고맥락 사회, 즉 자세히 설명해주지 않고 눈치를 보고 알아서 해야 하는 환경에서는 처신하기가 무척 어렵다. 상하 서열이 분명하거나 갑을 사이에서 알아서 복종하기를 바랄 때도 직접 구체적으로 무엇을 하라고 말해주기 전까지는 알지 못하므로 군대와 같은 곳에서는 일부러 개기는 사람이나 고문관 취급을 받기 쉽다. 옆에서 알려주더라도 "알아서 눈치껏 해" 정도로 충고하기 때문에 다음에 수정되기 어렵다. 자기는 규칙을 다 지킨다고 해도 암묵적인 것을 모르고 임기응변도 약하기에 놓치는 것이 많다.

　현재 맥락을 정확히 파악하고, 그 맥락에 맞게 행동하는 것은 성숙의 증거다. 다시 말하면 지혜로운 사람의 행동이다. 어제까지는 심하게 데모를 했던 대학생도, 다음 날 입대하고 나면 그 데모를 진압해야 하는 의무경찰이 될 수 있다. 데모를 하든 진압을 하든, 자리에 맞추어 해야 한다. 이것이 바뀌면 안 된다. 물론 맥락은 가치와 깊은 연계가 있다. 민주화 투쟁을 하기 위해서 데모를 했던 사람이라면 의경이 되어도 그 데모를 진압할 수는 없다. 자신의 가치가 그것을 용납하지 않기 때문이다. 영창에 가고 사법 처리를 받는 한이 있어도 자신의 가치관에 따라 행동하는 것이 오히려 맥락에 맞는 일이다. 그러나 그냥 친구들하고 어울려서 데모를 한 것이었고, 민주화 투쟁보다는 취직이 중요하다면 의무경찰이 되어서는 명령대로 데모를 진압하는 것이 맥락에 맞다.

맥락을 높이는 5가지 연습

맥락에 좀 약한 사람이라고 하더라도 맥락을 높일 수 있는 훈련이 몇 가지 알려져 있다. 지금은 맥락 높이는 훈련을 할 때다.

1. 배역 주기

자칫하면 오해를 살 수도 있지만 꽤 효과가 좋은 방법이다. 식당이나 카페 같은 곳에서 옆에 있는 사람들의 맥락을 추정해본다. 연인인지 친구인지 회사 동료인지, 여기서 지금 무엇을 하고 있는지, 무슨 대화를 나누는지 추정해본다. 연인 같으면 만난 지 얼마나 되었는지, 헤어질 것 같은지 결혼할 것 같은지 추정해본다. 분위기, 대화, 눈빛, 몸의 자세 등을 종합하고 내 온몸의 촉을 다 살려서 저들 사이의 맥락을 읽어본다.

그런 다음, 내가 엄청난 대작을 준비하는 영화 감독이라고 생각하고 가장 적절한 배역과 스토리 상황을 맞추어본다. 예컨대 상황은 여러 가지로 줄 수 있다. '저 두 사람은 지금 싸우고 화해하는 중이다', '2년간 헤어졌던 연인이 다시 만났다', '너무 오래된 연인이라서 서로 말은 안 하고 있지만 너무 지겨워하고 있고, 곧 깨질 것 같다', '겉으로는 친밀하지만 마음속으로는 각자 다른 생각을 하고 있다', '대화는 별로 없지만 서로를 너무 위하고 있고 아무 말 하지 않아도 소통이 잘 되고 편안한 사이다'…….

캐스팅 디렉터가 되어서 매의 눈으로 관찰해보라. 연습에 진도가 나간다면 니가 생각한 스토리에 가장 어울릴 사람을 지금 이곳에 있는 사람 중에서 찾아보라. 따로 온 사람이라도 오히려 이 사람과 저 사람이 맞을 것 같으면 그렇게 역할을 맡겨도 된다. 그들의 상태를 맞추어 보아도 되고, 내가 생각한 스토리에 내 눈 앞에 있는 사람을 맞추어 보아도 된다.

2. 맥락 추정하기

돈이 좀 들고 돈 들어간 만큼 재미가 없을 수 있다는 단점이 있지만 상당히 효과가 있는 방법이다. 영화를 중간부터 보는 것이다. 영화관에서 해도 되고 넷플릭스 등을 이용해도 된다. 앞의 내용을 건너뛰고 중간쯤부터 보기 시작한다. 영화는 철저하게 앞에서부터 인물의 특성을 설명하고 상황을 만들어가그 복선을 깔아둔다. 그런데 중간부터 보는 것은 이 모든 정보 없이 순전히 감에만 의존해서 맥락을 추정하는 일이다. 대단한 훈련이 된다.

영화뿐 아니라 드라마를 보면서도 할 수 있다. 드라마를 중간부터 보면서 저들 사이가 어떨 것인지, 왜 그는 그런 행동을 하는지 살펴본다. 책으로도 가능하다. 두툼한 소설 책을 한 권 골라서 딱 절반부터 펼쳐서 읽어보라. 도저히 앞뒤를 모르겠고, 사람 이름조차 헷갈리더라도 그냥 읽어본다. 정말 앞뒤를 모르는 것 같지만 점점 안개가 걷히듯이 알게 되면서 짜릿한 맥락의 맛을 볼 수 있을 것이다. 나중에 전반부를 읽어보면 모든 퍼즐이 맞추어지는 쾌감을 느낄 수 있다.

3. 가상 맥락 그리기

인간의 놀라운 두뇌 능력을 사용하는 가상 훈련은 여기서도 유용하다. 만약 결혼식에서 사회를 맡았을 때 어떻게 할 것인지 생각해 그 순서를 머릿속에 그려보고 마음속으로 진행해보라. 당신이 주례라면, 신랑의 아버지라면, 신랑이라면 각자 어떻게 할 것인지 동선을 그려보라. 각자의 맥락에서 해야 할 일이 완전히 다르다는 것을 알 수 있다.

가상으로 패스트푸드점이나 카페에 가서 주문을 하는 사람 역할을 해보라. 이것이 익숙하다면 반대로 주문을 받는 카운터에서 일하는 사람 역할을 해보라. 손님 입장에서는 주문을 받는 속도가 늦고 불친절하고 표정이 없어 보일 수도 있지만, 일하는 사람 입장에서는 다그치고 있는 손님이 진상 손님으로 보일 수도 있다.

손님과 식당 주인은 같은 장소에 있어도 하는 일이 다르다. 식당 주인과 주방장도 다르다. 주방장과 주방 일을 배우는 사람도 다르다. 매장에서 일하는 사람과 배달원의 맥락도 다르다. 음식을 시키고 왜 이렇게 안 오느냐고 독촉 전화를 하는 손님의 맥락에서는 한없이 느리기만 하지만, 전화 받자마자 조리하고 포장하고 배달하는 주인의 맥락에서는 총알같이 서두르고 있는데도 손님은 불평만 하고 있는 셈이다. 이렇게 다른 맥락에 따라 같은 일도 다르게 보일 수 있다는 것을 가상현실을 통해서 재현해본다.

4. '맥락의 대가' 되기

맥락을 귀신같이 찾는 것을 주제로 하는 책이나 드라마를 잘 살펴본다. 주인공 패트릭 제인이 날카로운 디테일과 기억력으로 앞뒤의 맥락을 맞추어 범죄의 실마리를 풀어나가는 미국 드라마 〈멘

탈리스트Mentalist〉 같은 것이 좋다. 패트릭 제인은 뛰어난 지성과 관찰력으로 상대방의 인물 심리를 파악해낸다. 너무 맥락을 잘 알고 심지어 행동을 조정할 수 있을 정도이니 그와 함께 사람들의 행동과 말을 관찰하고 그것이 어떤 맥락인지 함께 퍼즐을 풀어가면서 맥락의 대가가 되어본다.

전통적인 추리 소설 속으로 들어가보는 것도 좋다. 끝이 하늘로 올라간 독특한 수염을 쓰다듬으며 추리를 하는 에르퀼 푸아로는 이른바 '안락의자 탐정'이라고 할 정도로, 발품 팔면서 증거를 수집하기보다는 가만히 앉아서 생각에 생각을 거듭하여 사건을 해결한다. 물론 항상 비교가 되는 코난 도일의 명탐정 셜록 홈즈도 알고 보면 '편안한 안락의자에 앉아 한 줌의 담배를 미친 듯이 불태우는 것이 사건 해결의 비법'이라고 할 정도로 앞뒤 전후 맥락을 보면서 사건의 실체를 알아낸다.

푸아로와 함께 거장 애거서 크리스티가 만들어낸 주인공인 미스 마플, 즉 제인 마플은 한 술 더 뜬 맥락 파악의 전문가이다. 새하얀 머리카락과 푸른 눈동자, 발그레한 뺨에 온화하고 친절해 보이는 할머니로 사건 현장에는 가보지도 않고 안락 의자에 앉아서 뜨개질을 하며 사건을 해결해낸다. 한 마을에서만 평생 살면서 뜨개질을 하고 있지만 인간과 삶에 대한 뛰어난 통찰로 사람을 파악해낸다. 온 동네 사람들이 와서 해주는 이야기만 듣고 사건의 사실관계, 연루된 사람들의 언행, 각종 상황 등과 맥락을 추정해서 사건을 풀어낸다.

흑백TV 시절의 안방 스타였던 형사 콜롬보도 있다. LA 경찰청 콜롬보 경위가 살인사건을 해결해가는데, 이 드라마는 다른 추리물과는 다르게 도입부에서 살인범이 누구인지를 시청자에게 먼저 보여준다. 그리고 존재하는 증거들을 콜롬보가 알아내면서 사건의 전말을 밝혀낸다. 대개는 부와 명예를 다 가진 범인이 완벽한 계획 속에서 완전범죄를 꿈꾸지만 구깃구깃한 바바리 코트를 걸치고 행색이 초라해 보이는 형사 콜롬보가 앞뒤의 모든 맥락을 파악해낸다.

5. 눈치 잘 보기

우리나라 사람들은 원래 눈치의 대가다. 눈치라는 것은 정말 맥락의 귀재만이 볼 수 있는 것이다. 한국 사람들은 웃고 있는 '^^' 이런 이모티콘을 즐겨 쓴다. 눈을 보고 웃고 있는 것을 안다는 말이다. 서양 사람들은 이모티콘을 써도 입이 올라가야 한다. 굳이 표현하기도 어려워서 사람을 눕혀야 한다. ':)' 이렇게 하거나 ':-)' 이런 식으로 세 번이나 자판을 눌러야 가능한 기호를 쓴다. 그것도 옆으로 누워 있는 사람을 그려주어야 웃는 줄 안다. 눈만 보고도 마음을 아는 놀라운 민족, 그러니 그것이 얼마나 어렵겠는가?

사실 초등학교 교육에서 가장 중요한 것은 눈치 잘 보는 법 배우기다. 눈치만 잘 봐도 왕따 당할 확률은 확 줄어든다. 문제는 눈치를 잘 보는 법을 가르칠 수 있는 초등학교 선생님이 많지 않다는 것이다.

여러 번 강조했지만 우리나라는 고맥락 사회다. 제대로 말을 해주지 않고 에둘러서 말을 한다. 에어컨이 켜진 방에서 "덥니?"라고 묻는 것은 당신이 더운지 추운지 관심이 있어서가 아니다. "덥니?"라는 질문에 "에어컨 끌까요?"라고 반응을 해야 눈치 있는 사람 취급을 받는다. 저맥락 사회에서는 그냥 "괜찮으면 에어컨 좀 꺼줄래?"라고 간단하게 말을 하면 될 일을 이렇게 다른 식으로 이야기 한다.

저녁을 같이 먹자는 이야기도 "오늘 바빠?"라고 물어본다. 여기서 "아니요, 바쁘지 않아요. 안녕히 가세요" 하면 완전히 찍힌다. 식사를 같이하자고 하지도 않았는데 그것을 눈치로 알아내야 한다. 참 쉽지 않다.

직접 말하지 않는 것을 알아내려면 '지금 이것이 무슨 말인지', '어떤 맥락에서 이런 말을 하는지' 엄청나게 예민한 능력을 키워야 한다. 이렇게 수백 년을 살아왔던 민족이라 외국인보다 눈치가 많이 발달했다. 그런데 너무나 비언어적인 표현을 많이 하다 보니 오해도 생기고, 서구화된 생활 습관이 들어오면서 "눈치 보지 말고 당당하게 자기 주장을 말하고 정확하고 분명하게 소통하자"라는 변화의 바람이 분 적도 있지만 안타깝게도 잘 통하지는 않았다. 문화라는 것이 원래 세월이 쌓이면서 특정한 생활 방식이 몸에 배게 되는 것인데 어떤 사람은 눈치를 보지 않고, 어떤 사람은 전통에 따라 눈치를 보고 하니 오히려 의사소통이 더 어려워지고 말았다. 서양식으로 자기 주장을 똑부러지게 하고 눈치 보지 않는 사람은 '싸가지 없는 사람'으로 여긴다.

자기계발서들 보면 '남 눈치 볼 필요없다, 당당하게 말하고 행동하라'라고 한다. 물론 그러면 된다. 그렇게 살면 당당해질 수 있다. 그러나 그렇게 살아가는 과정 속에 적지 않은 피해도 생긴다는 사실은 잊으면 안 된다. 자기 주장 훈련도 좋지만 우선 효과가 있으려면 차라리 거꾸로 눈치 훈련을 하는 것이 유용하다. '지금 이 상황에서 누가 이곳을 주도하고 있는지, 지금 동조하는 것이 유리한지, 가만히 있는 것이 좋은지' 눈치를 보라. 아무래도 훈련이 안 되어 있으면 잘 모를 수 있다. 그럴 땐 그냥 가만히 있어라. "가만히 있으면 중간은 간다"라는 그 유명한 말은 진리다. 눈치 보는 것이 비굴한 것이 아니라, 한국인에게 주어진 뛰어난 감각을 계승하고 있는 것이다.

이 눈치가 얼마나 위대한 것인지, 외국에서도 관심을 보이기 시작했다. 영국의 일간지 〈메트로Metro〉와 〈데일리메일Daily Mail〉은 한국인의 눈치를 인생, 일, 사랑의 성공 열쇠가 되는 직감적 반응이라며 다음과 같이 소개했다.

> 눈치는 한국인의 초능력이다. 초자연적인 능력이 아니라 다른 사람의 생각과 느낌을 순간적으로 간파하는 미묘한 기술이다. 상대의 마음을 읽어 기분을 상하지 않게 하고 해를 끼치려는 상대로부터 자신을 보호할 수 있는 본능적 육감이다.
> 눈치는 기분을 위해주는 감성 지능에서 나온다. 상대의 몸짓이나 어투 등 무의식적 신호에서 마음을 읽어낸다. 주위 사람들 반응에서 알아낼 수 있는 분위기도 잘 파악한다. 관찰력이 있어서 자신보다 남들에게 더 집중하고 들이나 행동을 하기 전에 잠시 숨을 고른다. 사람들이 크게 말하는지 나직이 속삭이는지, 표정은 웃고 있는지 침울해

보이는지 살핀다.

한국 사람들은 "눈치가 좋다"라고 말하지 않고 "눈치가 빠르다"라고 표현한다. 좋은 것일지라도 느리면 소용없다는 인식이다. 눈치가 빠른 이는 아는 사람을 단박에 알아본다. 직감이라는 인간의 본능은 오랜 세월에 걸쳐 진화의 DNA에 스며든 것이라서 크게 틀리지 않는다. 눈치는 삶, 사업, 연애에서 올바른 파트너를 선택하는 데도 도움이 된다. 나쁜 의도를 가지고 거짓된 인상을 조작하려는 것인지, 그냥 짐짓 그렇게 하는 것인지 구분할 수 있다. 다른 사람의 감정에 배려심 있고, 그 사려 깊은 느낌을 다른 이들에게도 퍼뜨려 다들 함께 있고 싶어한다.

우리가 그렇게 마뜩잖아 여기던 눈치를 이렇게나 예찬한다. 눈치 잘 보면 지혜로워진다. 단 한 가지 큰 문제는 눈치를 잘못 읽는 것이다. 수많은 시행 착오가 있을 수밖에 없다. 그러다가 자신이 생기면 한번 눈치껏 해보라. 눈치가 얼마나 늘었는지를 즐겨보라. 이때도 꼭 잊으면 안 되는 것은 앞에서 공부한 원리 '지식의 업데이트'다. 내비게이션 업데이트 없이 모르는 길을 가면 헤맬 수 있다. 눈치도 늘 업데이트하라. 자신이 타고난 눈치 능력으로만 살려고 하지 말고 나이가 늘면서 눈치도 점점 늘 수 있도록 해보라.

운동을 꾸준히 해야 건강해진다고 한다. 맞다. 운동도 하다가 쉬면 소용이 없다. 눈치도 꾸준히 봐야 지혜로워진다. 나이가 들면 이제는 눈치 볼 필요가 없어진다고 생각하며 눈치보는 것을 쉰다. 나이가 들어서 운동하는 것을 쉬면 금방 쇠약해진다. 나이가 들었으니 윗사람 눈치를 볼 일이 없다면, 아랫사람, 자녀, 며느리, 사위, 심지어 손자나 반려견 눈치까지 볼 줄 아는 사람이 지혜로운 사람이다. 눈치는 죽을 때까지 보는 거다.

맥락 높이기 훈련

◎ 어떤 때, 어떤 입장에서 옳은 일도 다른 맥락에서는 옳지 않을 수 있다.
◎ 내가 지금 여기에 무엇으로 있는지를 확인해야 한다. 주인인지, 손님인지, 나의 맥락은 무엇인지 확인해야 한다.
◎ 맥락 파악 능력은 성숙의 지표다.

1. 배역 주기: 접하는 모든 상황에 가장 알맞은 배역을 주어보라. 나날이 길거리 캐스팅하는 재미가 쏠쏠하고 갑자기 최고의 영화감독이 된 기분을 느낄 수 있다.

2. 맥락 추정하기: 책, 드라마, 영화를 중간부터 보라. 뒤부터 보면서 앞의 내용을 추정하고 파악하라.
3. 가상 맥락 그리기: 세상의 모든 직업과 상황을 머릿속으로 그려서 실행해보라. 굳이 모든 것을 직접 경험할 필요는 없다. 간접 경험으로도 지혜 획득은 충분하다.
4. '맥락의 대가' 되기: 멘탈리스트이든, 탐정이든, 형사이든 상관없다. 그 주인공이 어디에 마음을 두는지 함께하고 그 맥락이 무엇인지 익혀나가라.
5. 눈치 잘 보기: 눈치는 죽을 때까지 보는 것이다. 멈추지 말고 계속 눈치를 보라.

··· 지혜 훈련 3 ···
상대성을 높인다

한석 씨는 자신이 세상의 중심이다. 세상이 자기 중심으로 돌아간다. 늘 자신이 옳고 자신의 의견이 가장 중요하다. 강단 있고 자기주장이 분명한 것은 좋지만 사실 모든 사람이 그를 피한다. 한석 씨는 "내 눈에 흙 들어가기까지는 안 된다"고 주장하기도 했지만 안타깝게도 눈에 흙이 들어갈 일이 너무 자주 일어났다. 딸은 절대로 안 된다는 사람과 결혼을 하고, 아들도 절대로 안 된다는 대학에 갔고 절대로 안 된다는 직장을 얻고 말았다.

나는 절대 선인데 왜 사람들은 나와 다른 선택을 하고 나보고 틀렸다고 이상하다고 하는가. 세상의 모든 사람들을 적으로 돌리기 전에 나에게 붙인 '절대'라는 딱지를 떼어야 한다. '절대'를 붙이는 순간 '절대로' 잘될 일이 없다.

　나이가 꽉 찬 진숙 씨는 늦었지만 괜찮은 사람을 만나 결혼하게 되었다. 남편은 전처와 사별하고 혼자 꽤 오래 살아온 사람이었다. 사실 진숙 씨는 나이는 들었지만 부모와 함께 살면서 직장 생활을 오래했기 때문에 살림을 제대로 해본 적이 없다. 자기 속옷 외에는 빨래도 안 했고, 밥은 늘 엄마가 해줬고, 회사 다니고 돈을 벌기 때문에 피곤하다고 집에 오면 늘 누워지내다시피 해왔다.
　결혼 후 직장 생활을 관두고 전업주부로 거듭난 진숙 씨에게 살림은 보통 일이 아니었다. 나름 신혼 생활을 잘하고 싶은 욕심에 더해서 고등학생, 중학생 아이들이 자신들의 생모와 자꾸 비교하는 것 같은 느낌이 들어 내내 긴장을 풀 수 없었다. 새벽 4시에 일어나 아이들 밥을 해먹이고 깔끔한 성격대로 큰 집을 치우면 오전이 간다. 곧바로 저녁 식사 준비가 이어지고 설거지하고 과일 수발까지 하고 나면 온몸이 두드려 맞은 것같이 아프다. 이 집에 가정부로 온 것인지 뭐 하고 있는 건지 알 수 없는 시간이 지나갔다.
　'완벽하게 해야 해. 이런 아내와 엄마를 기대할거야. 생모보다 더 잘해야 해'라는 생각을 접기까지 이런 생활은 지속되었다. 집안도 깨끗하고 열심히 거두어 먹이는 것 같으니 잘 살고 있는 것 같지만 몸이 피곤하고 마음도 지쳐갔다. 자신도 모르게 남편에게 신경질을 많이 냈다. 행복한 결혼 생활을 꿈꾸었는데 이렇게 체력적으로 정신적으로 소진되는 것이 너무 힘들었다.

남편과 큰 말다툼을 하면서 알게 된 것인데, 사실 남편과 아이들은 완벽한 아내와 엄마를 요구한 것은 아니었다. 남편과 아이들은 오히려 좀 편안하게 살고 싶었다. 시간 되면 꼭 식탁에서 모여서 밥을 먹는 일도 그렇고, 집안이 너무 깔끔해 헝클어뜨리면 안 될 것 같아서 더 불편하다고 느끼고 있다는 것이다.

진숙 씨는 오로지 자신의 입장에서만 '나는 이렇게 해야 해'라는 자기 중심적 사고로 남들의 생각과 느낌은 알아채지 못했다. 상대는 어떻게 생각하고 느끼는지를 꼭 확인해봐야 한다.

이럴 수도 있고 저럴 수도 있다

"어떻게 그런 생각을 하지", "걔는 왜 그런지 몰라", "미친 거 아니냐?", "이해할 수 없어", "도대체 무슨 생각으로 그런 일을 하는 거야", "별일도 다 있다", "이상한 사람이야", "어떻게 내게 그럴 수 있니?", "당신은 생각이 있는 사람이야, 없는 사람이야?", "너는 어떻게 된 아이니?"…….

이런 말을 써본 적이 있는가? 이런 말을 많이 하는 사람 사람일수록 상대성 지수는 0에 수렴하고, 상대성이 낮을수록 지혜는 낮다. 78억 명에 육박하는 세계 인구나 5,200만 명을 바라보는 우리나라 인구나 사람이 많을수록 생각은 다양할 수밖에 없다. 어떻게 보면 나를 닮은 사람이 많지 않은 것처럼 내 생각을 닮은 사람도 많지 않다. 쌍둥이처럼 외모가 똑같은 사람은 드물다. 쌍둥이조차도 가만히 보면 외모의 차이가 있다.

외모가 다르듯이 내 생각을 그대로 하는 사람이 많지 않다는 것은 당연한 일임에도 우리는 내 생각처럼 상대가 생각할 것이라는 착각을 한다. 아인슈타인이 말한 상대성 원리가 아니라 '상대방이 나와 다르게 생각할 수 있다'는 상대성 원리가 확실하게 퍼져 있다면 세상의 갈등은 많이 해결될 것이다.

그러나 안타깝게도, 코페르니쿠스의 지동설이 나온 지도 500년이 되었는데 자신을 중심으로 세상이 돌아간다는 사람이 너무 많다. 일일이 예를 들 수도 없을 정도로 불행한 가정의 중심에는 이런 절대자가 있다. "남편은 정말 답답해요", "시어머니가 이상해요", "부인이 미친 것 같아요", "아빠가 너무 힘들어요", "엄마가 너무 말이 안 통해요" 등을 호소하는 사람들의 사연을 듣다보면 그 중심에는 상대성이 없는 사람이 꼭 있다. 그 사람의 상대성 부족이 가정을 파괴한다.

"직장 상사가 힘들어요", "부하 직원이 이상해요", "동료가 이기적이에요"라는 직장에서의 어려움도 마찬가지로 결국 그 안에는 상대성 제로인 주인공이 있다. 동네에서도, 학교에서도, 삶의 현장 곳곳에 널려 있는 상대성 없는 수많은 철수와 영희가 자신을 절대 기준으로 삼으면서 남들을 피폐하게 만들고, 이어서 자신도 불행하게 만든다.

상대성의 개념에서 제일 중요한 것은 '이것이 맞고 저것이 틀리다'가 아니라, '이럴 수도 있고 저럴 수도 있다'는 것이다. 청백리이자 명재상으로 잘 알려졌으며 조선 시대 최장수 재상으로 태종과 세종을 거쳐 모든 요직을 밟았던 황희 정승은 원칙과 소신을 지키면서도 관용의 리더십을 발휘한 것으로 유명하다. 그와 관련한 일화는 너무 잘 알려져 있다.

어느 날 정승의 집안 종들끼리 다툼이 일어나서 그에게 일러바쳤다. "대감님, 손님이 먼 길을 오시느라 시장하니 음식부터 장만

하는 게 옳지요?" 그랬더니 "오, 그렇지, 네 말이 옳다"라고 했다. 그러자 다른 종이 "집안부터 청소하는 것이 우선 아닙니까?"라고 하자, "네 말도 맞구나" 했다. 그러자 옆에서 아내가 "대감, 어떤 일이든 한쪽이 옳으면 다른 쪽은 그른 법 아닙니까?"라고 하자, "허허, 부인 말도 옳소!"라고 했다는 것이다.

실화라기보다는 정승의 성품을 설명하기 위한 일화일 것 같지만 서로의 생각을 인정하고 이런 측면에서는 이렇게 볼 수도 있고, 저런 측면에서는 다르게 볼 수 있다는 것을 잘 설명한다.

그렇다고 해서 모든 것을 제대로 판단할 수 없다는 말은 아니다. 어느 것 하나 진리도 없이 각자 다 알아서 인식하고 살아야 한다는 포스트모던이나 허무주의적 사고가 아니라 자신의 가치관에 비추어 자기가 더 맞다고 생각할 수 있다. 또 대다수가 동의하는 것도 가능하다. 그러나 자신이 절대자가 아닌 한 그 판단이 다른 사람에게도 맞는 것은 아닐 수 있다는 사실만은 잊지 말자.

상대성을 높이는 5가지 연습

1. 세계의 지도자 되기

상상이지만 이번 기회에 큰 나라의 지도자가 되는 것으로 훈련을 시작하라. 기왕이면 센 나라, 일이 많은 나라의 지도자가 되는 것이 좋다. 당신은 미국 대통령이다. 북한과 핵 교섭을 어떻게 할 것인가? 세계 최강의 무력을 가졌으니 아예 북한에 쳐들어가서 김정은 정권을 쫓아버릴까? 그때 중국은 가만히 있을까? 러시아는 어떻게 반응할까? 북한이 핵이라도 쏴서 남한이 초토화되어 버리고 수백만 명이 목숨을 잃고 난장판이 되면 어떻게 할 것인가? 김정은이 녹록지 않게 저항하고 버티는데 봐주면서 하나 하나 제재를 풀어줄까? 그렇다고 핵을 포기할 것 같지는 않은데 ICBM을 기술을 가지고 협박을 계속하면 어쩌지? 어느 선에서 딜을 할 것인가? 경제제재가 효과를 내는 것 같은데 풀어줬을 때 속임수에 능란한 북한이 쉽게 핵을 포기할까?

복잡한 사안인 것만큼 많은 것을 고려해야 한다. 중국과의 통상 교섭은 어떻게 할 것인가? 중국은 무서운 기세로 경제 성장을 이루고 있는데 자국 내 시장은 열지 않고 미국 땅에서는 돈을 다 쓸어가는 것 같다. 중국은 그동안 끊임없이 환율조작 의혹, 특권 침해, 해외 기업에 대한 기술력 갈취 등 반칙을 일삼고 풍부한 노동력을 무기로 전 세계적으로 큰 경제 거물이 되어왔다. 관세를 올리니까 국내 산업이 어렵다고 한다. 중국도 보복관세를 붙이기 때문이다. 게다가 미국 물건을 불매하겠다고 한다. 그렇다고 이대로 계속 갈 수만은 없다. 어떻게 할 것인가?

 이란은 어떻게 할 것인가? 멀리 떨어져 있지만 미국과 이란은 엄청난 앙숙이다. 세계 최강국인 미국을 상대로 이란은 호락호락하게 당하지 않겠다고 버티고 있다. 친미 정권이었던 팔레비 왕조를 뒤집고 이슬람 근본주의 세력인 탈레반 정권이 이란을 지배한 이후 미국이 지독한 경제 봉쇄와 견제를 해왔음에도 버티고 있다. 비교적 친미 정책을 펴고 있는 사우디아라비아가 수니파의 종주국이라면 이란은 시아파의 종주국으로 서로 패권 다툼을 치열하게 하고 있다. 오만해에서 유조선을 공격한 것은 분명 이란인데 이란은 미국 CIA의 자작극이라고 하고 있다. 더 이상 참지 못하고 이란에 군사적 공격을 한다면 이란은 호르무즈 해협을 봉쇄할 것이고 전 세계로 기름을 수송하는 이곳이 막힌다면 엄청난 오일 쇼크로 전 세계적인 경제 붕괴가 올지도 모른다. 사실 미국에는 셰일가스가 충분히 있으니 중동의 원유와는 큰 상관이 없어 성질 같아서는 그냥 공격을 하고 싶은데 세상이 엉망이 될 것 같다. 이때 무력을 써야 하나, 외교적 방법을 써야 하나?

　독일 총리가 되었다고 생각하라. 시리아는 정부군과 반정부군이 막장 싸움을 벌이고 있다. 어린아이에게도 총질을 하고 못이 든 폭탄을 사정없이 투하하며 화학무기도 마구 사용한다. 중간에 낀 민간인은 도저히 살 길이 없다. 엄청난 부상자가 나오는데 병원에서는 제대로 치료를 할 수 있는 상황이 아니다. 지옥이 따로 없다. 1,000만 명이 넘는 시리아 난민이 터키, 레바논, 요르단, 이라크 등으로 흩어지고 있다. 자기 나라에 있다가는 목숨을 부지하기 어려워 정든 고향 땅을 떠나 난민의 대열에 끼었다 터키의 보드럼 해안가로 쓸려 온 얼굴을 물에 박은 채로 발견된 세살바기 아이의 시신을 기억하는가? 내전을 피해 유럽으로 향하던 중 지중해에서 배가 전복해 엄마와 형과 함께 익사했던 이 어린이를 포함한 난민이 독일로 향해 오고 있는데 어떻게 할 것인가? 난민을 받지 않는 것은 인도주의적으로 맞지 않고 인종차별일 수 있으니 받아들이라는 주장이 있다. 이것을 따를 것인가? 안 그래도 이슬람의 폭력성 때문에 문제가 되고 있는데 난민을 받아들이면 테러에 대한 공포도 가중될 우려가 있고, 그들을 돌보기 위해서는 세금도 더 걷어야 한다. 당신이 총리라면 어떻게 할 것인가?

이 모든 사안에서 중요한 것은 문제를 해결하는 것이 아니다. 상대성을 높이는 것이 목표다. 해결할 수 있는 문제였다면 이미 다 풀렸을 것이므로 해결하기가 쉽지 않을 것이다. 당신 머릿속에 처음 들어온 생각과 그 반대편의 주장을 번갈아 하면서 같은 일도 이렇게 또 다르게 생각할 수 있다는 것을 훈련한다.

2. 나라 다스리기

한 여름철이면 냉방을 하느라 전기가 모자란다는 이야기를 쉽게 들을 수 있다. 좀 더우면 거의 매일 최대 전력 사용 기록을 경신하다시피 한다. 이러다가 감당할 수 없게 되면 온 나라가 정전될지도 모른다는 경고를 계속 받는다. 이렇게 많은 전력 수요를 감당하기 위해서는 원자력발전소가 필수적이라고 한다.

원자력발전소는 필연적으로 방사능과 매우 밀접한 관계가 있고, 동일본 대지진 때처럼 사고가 나면 매우 위험해지기 때문에 엄청난 혐오시설일 수 있다. 반면에 시설을 크게 만들 수 있고 무엇보다 발전 원가가 다른 방법과는 비교할 수 없게 저렴하기 때문에 안정적으로 많은 전력을 공급할 수 있다. 프랑스 같은 선진국도 거의 3/4 이상을 원자력 발전으로 가동한다.

싸다는 주장에 대한 반론도 있다. 원자력 발전은 필연적으로 핵

폐기물이 나오므로 그것을 처리하는 비용, 다 쓰고 난 원전시설을 해체하는 비용 등 안전에 대한 비용 등을 계산하면 절대로 싸다고 할 수 없다는 주장도 있다. 또 여기에도 반론을 달 수 있다. 건설비, 중저준위방폐물관리기금, 사용후연료관리부담금, 원전해체충당금까지 다 포함해도 오히려 싸다는 주장도 있다. 원자력 발전은 화석 연료 사용처럼 탄소를 배출하지 않기 때문에 환경 유지에 유리하다는 주장도 있다.

원자력 발전을 안 하면 전기 요금이 급격하게 오른다고 한다. 당신은 원자력 발전을 지지하는가? 그렇다면 반대 주장을 해보라. 만약 반대한다면 지지하는 주장을 해보라.

사드THAAD 배치에 대해서는 아직도 논란이 그치지 않고 있다. 찬성론자 입장에서 보면 사드는 국가 안보의 최선책이다. 저고도에서만 요격이 가능한 패트리어트 미사일에 비해서 사드는 높은 고도에서도 요격이 가능하다. 만약에 북한이 핵을 쏜다면 30킬로미터 상공에서 요격에 성공해도 그 피해가 엄청나다. 사드처럼 150킬로미터 정도 고도에서 요격해야 한다. 게다가 사드 배치 및 운영 비용은 미국이 전액 부담하는 것이니 부담을 가지지 말고 배치를 해야 한다고 한다.

중국이 경제 보복을 한다는 것도 그리 걱정할 것은 아니다. 경제 보복을 하더라도 중국이 한국에서 수입하는 것을 완전히 막을 수는 없고, 지난 번 중국이 경제 보복을 할 때도 대중국 수출은 오히려 증가했다.

한편, 반대 의견도 들어보자. 사드는 평화통일의 걸림돌이 될 수 있다. 이런 식으로 북한을 위협하면 아예 북한이 대화를 포기하고 중국과 러시아와만 더 깊은 관계를 맺으며, 그렇게 되면 아예 통일은 물건너가는 것이니 남북 협력 차원에서 사드는 설치하면 안 된다는 말이다. 또 미국이 지금은 비용을 내겠다고 하지만 언제든지 우리에게 비용을 전가할 수 있다. 그러면 당장 쓰지도 않을 것을 엄청난 비용을 들이면서 가지고 있어야 한다.

중국이 경제 보복을 하면 그 타격이 너무 심각해진다. 직접적인 수출을 제외하고 중국인의 한국여행 제한, 한류와 한국 드라마 금지를 통해 당하는 피해는 상상을 초월한다. 당장 사드가 배치되는 성주에서는 전자파에 대한 위험으로 집값이 하락하고 성주 특산물인 참외 같은 작물에 대한 이미지가 훼손되는 등 안 좋은 소식들이 들려온다. 많은 인구가 성주를 떠날 수도 있다.

어떤 의견이 그럴 듯해 보이는가. 카풀과 타다 같은 공유 모빌

리티와 택시 사이에 벌어지는 논란, 대학 입시에서 수시와 정시의 배분, 젠더 갈등, 화장장 설치, 전국을 달구었던 장관 후보자의 임명에 대한 논란 등 주변을 돌아보면 정말 수많은 의견이 갈린 갈등 요인이 쏟아진다.

상대성을 높이는 훈련은 자신이 지지하는 생각에 대한 반대 의견을 수용하는 것이다. 분명히 당신에게 먼저 떠오르는 생각이 있을 것이다. 그 생각을 바꾸라는 말이 아니다. 그 생각이 들었던 것처럼 다른 생각도 들 수 있다는 것에 익숙해지라는 말이다. 내가 이렇게 생각하듯이 다른 사람은 다른 생각을 할 수 있다는 것이다. 누가 옳고 그른 것을 판결내는 것이 아니라 같은 사안에 대하여 다른 생각이 있을 수 있다는 것만 깨우쳐도 충분하다.

3. 가족 중재하기

앞에서 살펴본 민수와 엄마 이야기 기억하는가? 이 가족의 갈등을 어떻게 해결할 것인가? 꼭 이 집이 아니더라도 자신의 자녀와 부모, 혹은 배우자 간에서 생겼던 갈등을 떠올려보라.

문제를 풀거나 타협하려고 하지 말고 내 생각을 반대편에서 고려해본다. 이를테면 나는 이번 여름휴가에 한적한 산에 가서 즐쉬고 싶다. 도시 한복판에서 일하다 보니 복잡한 곳에는 정말 가기 싫다. 그런데 아이들은 바닷가를 가자고 한다. 그 많은 사람을 생각만해도 끔찍하다. 어떻게 할 것인가? 아니면, 나는 어디를 가나 상관 없는데, 아들은 바닷가로, 딸은 산으로 가자고 할 때 어떻게 할 것인가?

완전히 반대되는 생각이 충돌하는 것은 어떤 가정이나 필연적인 일이다. 아이가 혼자라 유난히 외로움을 많이 타서 반려견을 키우고 싶어 한다. 그런데 아내는 어려서부터 개 공포증이 있다. 아이가 학교 가고 나면 결국 종일 개와 같이 있으면서 온갖 뒤치다꺼리를 하는 것은 아내인데 아내가 죽어도 개를 키울 수는 없다고 한다. 어찌할 것인가?

사실 사회의 모든 문제는 서로 다른 입장 차이에서 나타난다. 한쪽을 들으면 그 의견도 충분히 타당하고, 다른 쪽의 의견도 그럴 수 있다. 누가 옳고 그르고, 바르고 틀리고 하는 문제가 아니다. 이럴 수도 있고 저럴 수도 있는 것이다.

지혜는 풀기 어려운 문제를 푸는 것이 아니라, 풀 수 없는 문제를 대처하는 능력이다. 모든 문제를 지혜롭게 대처하기 위하여 상대성을 높이는 것, 즉 이럴 수도 저럴 수도 있지만 다만 이번에는 이렇게 결정하는 것이라고 서로 의견을 나누는 것이 필요하다.

4. 관찰하기

　식당에서 유심히 주변 사람을 지켜보라. 어떤 사람은 아주 반듯하게 앉는다. 어떤 사람은 구부정하게 앉는다. 어떤 사람은 무릎을 꿇고 마치 기도를 하는 듯한 태도로 상체를 곧추세우고 앉는다. 어떤 사람은 완전히 늘어진 마대자루처럼 펑퍼짐하게 퍼져 앉는다.
　어떤 사람은 빼빼 말랐다. 어떤 사람은 덩치가 좋다. 그 사람이 무슨 메뉴를 시킬 것인지 무엇을 먹을 것인지 유추해보라. 그리고 확인해보라. 예상이 닿아도 좋고 맞지 않아도 좋다. 그저 사람들이 다양한 메뉴를 고르고 또 생긴 것과 먹는 모습이 다르다는 것만 확인해도 좋다. 그런 식으로 사람들이 다양하다는 것만 알아차릴 수 있다면 훌륭한 상대성 훈련이 된다.

　지하철에서 주위 사람들을 바라보라. 같은 것 같지만 다양하다. 아마 대부분은 휴대폰을 보고 있을 것이다. 그렇지만 더 자세히 보라. 어떤 사람은 열심히 SNS를 하고 있을 것이고, 어떤 사람은 업무를 하고, 어떤 사람은 영화를 보고, 어떤 사람은 음악을 듣고, 어떤 사람은 지난 방송을 보고, 어떤 사람은 게임을 한다. 인간은 비슷하지만 각자가 다 다르다. 슥 보아서는 비슷해 보이지만 가만히 따져보면 다 다르다. 사람들이 엄청나게 다를 수 있다는 것을 알아

175

가는 것이 상대성 훈련이다.

　인간은 크게 보면 다 같다. 먹고 배설하고 사랑하고 싸우고 성장하고 아프다가 죽는다. 그러나 모든 사람의 삶을 자세히 살펴보면 다 다르다. 피부색, 문화, 재정 상태, 건강 상태, 인식구조, 가치관, 삶의 모습이 전부 다르다. 한 배에서 난 형제자매도 다른 삶을 살고 쌍둥이마저도 다른 삶을 산다. 크게는 인간이기에 같지만 삶 자체의 모습은 다 다르고, 그렇게 별개의 삶을 살기에 모든 사람이 다 소중한 것이다.

5. 상대성 언어 쓰기

　상대성은 기본적으로 다른 사람의 입장이 되어봐야 한다. 평상시에 자기가 하던 생각과 반대의 편에서 바라보고 생각해야 한다. 상대성 훈련은 결코 옳고 그른 것을 판단하는 것이 아니다. 아무리 다른 편에서 생각해도 자신의 생각이 맞다는 생각이 들 수 있다. 그 생각을 바꾸라는 말은 아니다. 다른 사람들이 그렇게 생각하는 입장과 논리를 찾아보자는 것이다. 생각을 하기 전에 언어 훈련이 우선 필요하다. 상대방의 마음을 이해하는 데 중요한 다음과 같은 말을 반복해서 훈련해보자.

- 관심 갖기

"얼굴이 안 좋아 보여요, 무슨 일이 있어요?"

- 들어주기

"아, 그랬어요. 좀 더 자세하게 이야기해줄래요?"

- 존중하기

"듣고 보니까 그 말도 맞는 것 같네요."

- 용기 주기

"아, 그 방법 아주 좋네요."

- 지지하기

"잘할 수 있을 것 같아요."

- 격려하기

"좋은 생각 같네요, 잘할 것 같아요."

- 덮어주기

"너무 실망하지 말고 잘해봅시다."

이런 말을 안 하던 사람은 매우 낯설고 쑥스럽겠지만 해보자. '난 죽어도 이런 말은 못해!' 이러면 가장 중요한 상대성 원리에 위배된다. '절대로', '죽어도', '눈에 흙이 들어가도' 같은 말은 상대성이 높은 사람은 하지 않는 말이다. 자, 속는 셈치고 해보라. 몇 번 말을 해보면 놀라울 정도로 금세 생각도 바뀐다. 처음부터 생각을 바꾸는 것은 쉽지 않다. 그렇지만 말이 바뀌면 생각도 바뀐다.

 상대성 높이기 훈련

◎ 내 생각이 옳을 수도 있지만 다른 사람은 다르게 생각할 수 있다.

◎ 모든 사람은 다 다르게 생각할 수 있다. 그것이 모든 인간이 소중한 이유이기도 하다.

◎ 그냥 드는 내 생각과 다르게 생각해보고, 정 생각이 안 떠오르면 다른 사람은 다르게 생각할 수 있다는 것을 믿으라.

1. 세계의 지도자 되기: 세계 구석 구석에서 벌어지는 수많은 갈등을

어떻게 풀 것인가? 먼저 떠오른 생각과 다른 생각을 해보자.

2. 나라 다스리기: 신문에 계속 나오는 사회적 갈등의 이슈를 어떻게 풀 것인가? 먼저 떠오른 생각과 다른 입장에서의 생각을 해보라.

3. 가족 중재하기: 가정의 갈등을 어떻게 해결할 것인가? 식구들 각자의 의견이 갈리고 있다. 당신 입장이 아닌 다른 식구의 입장에서 생각을 해보라.

4. 관찰하기: 관찰을 통해서 세상에 있는 사람들이 얼마나 다양하고 다른지를 알아본다.

5. 상대성 언어 쓰기: 말이 바뀌면 생각이 바뀐다. 상대성을 높일 수 있는 말하는 방법을 배워간다.

··· 지혜 훈련 4 ···
불확실성을 견딘다

유선 씨는 늘 미리 준비하는 스타일이다. 여행을 가더라도 어디가서 무엇을 할지, 어디서 자고 밥은 무엇을 먹을지, 기차는 몇 시에 타고 이어지는 버스는 어떻게 환승하는지, 어디서 무엇을 볼지, 검색은 물론 현지 홈페이지까지 번역해가며 준비해서 떠나는 스타일이다.

신혼여행을 가면서도 분단위 시간표를 짰다. 블로그와 인스타그램을 완전히 뒤져서 식당에 메뉴까지 다 정했다. 그런데 그렇게 찾아간 그 식당이 마침 부활절 휴가로 문을 닫은 것이었다. 멘붕이다. 남편은 다른 식당을 찾아보자고 했지만 이미 계획이 어긋나니 기분이 확 상해버렸다.

일정이 한 번 틀어지니 제 시간까지 다음 장소로 가는 시간도 안 맞고 모든 계획이 바뀌어야 하는 것이 감당하기 어려웠다. 이렇게 초조해하고 기분 나빠하는 유선 씨를 보고 있는 동반자도 마음이 상했다. 결국 한번뿐인 신혼여행을 다 망치고 말았다.

김 원장은 영화 설치 미술을 하겠다는 아들을 이해할 수 없다. 어렵게 공부해서 들어간 의대를 그만두겠다는 것이다. 김 원장은 자수성가하여 병원도 아들에게 물려줄 생각이었다. 졸업하고 의사 면허만 따면 평생 안정된 삶이 보장되는데, 자기를 닮아 똑똑하다고 늘 믿었던 아들이 미국으로 영화학교를, 그것도 4년제도 아니고 한국에서는 학력으로 인정되지도 않는 기술학교 같은 곳을 가겠다고 하니 미칠 노릇이다.

아들은 의사는 정말 자기가 되고 싶은 것이 아니라고, 또 의사가 되더라도 아버지처럼 개원하여 한 곳에서 진득하니 동네 환자를 보는 것은 정말 견딜 수 없다고 한다. 아버지는 확실한 길을 두고 왜 어떻게 될지 모르는 길을 가느냐고 통탄한다. 평생 안정된 길로만 걸어왔고 불확실한 것을 견딜 수 없는 김 원장은 정말 걱정이 많다. 김 원장은 죽어도 아들을 미국으로 보낼 수는 없다 하고, 아들은 죽어도 가야겠다고 한다. 정말 둘 중의 하나는 죽어야 끝날 싸움 같다. 불확실한 아들의 미래가 너무 걱정되는 김 원장은 불안해서 병원 진료 일조차도 할 수 없게 되었다.

불확실성은 세상의 기본 원리다

불확실성을 견디지 못하는 것은 신경증, 즉 노이로제의 아주 중요한 증상이면서 원인이기도 하다. 특히 완벽주의 성향이 많은 사람은 모호한 것을 견디지 못한다. 항상 확실한 것을 바란다. 그래서 준비도 많이 한다. 철두철미하게 준비하고 꼼꼼하게 진행한다. 본인은 챙겨야 할 것이 많아서 무척 피곤하지만 주변에서는 일 잘하는 사람으로 칭찬을 한다. 그래서 더욱 더 완벽주의 성향이 강화된다.

 물론 챙겨서 되는 일도 있다. 잘 준비하면 준비를 안 한 것보다 좋은 성과를 낼 수도 있다. 그러나 문제는, 세상 모든 일을 챙길 수는 없고 계획한 일이 모두 계획대로 되지는 않는다는 사실이다. 이렇게 늘 철저하게 챙기는 것이 버릇이 되면 막상 불확실한 일을 마주했을 때 너무 당혹한다.

 그러나 안타깝게도 인생의 대부분, 아니 어쩌보면 삶 자체는 완전히 불확실하다. 한 치 앞도 알 수 없고, 한 달 후, 아니 내일, 어쩌면 1초 후에라도 어떤 일이 벌어질 것인지 예측할 수 없는 것이 인생이다. 아무리 대비를 해도 불행한 일, 사고, 불운, 질병, 다툼, 관계의 깨짐, 재정적 위기 등 정말 많은 일이 일어날 수 있고 그것이 언제 일어날지 아무도 예측할 수 없다.

 이렇게 불확실한 것을 확실하게 하려니 병이 날 수밖에 없다. 병이 심해지면, 모든 것이 100퍼센트 보장되지 않으면 아무것도 하지 못한다. 사고가 날 확률이 완전히 없다고 믿어야 차를 탈 수가 있다. 그러나 늘 교통사고는 일어난다. 비행기가 추락할 확률이 없다고 해야 비행기를 탄다. 심지어는 건물이 무너질 확률이 하나도 없다고 해야 건물 안에 들어갈 수 있는 사람도 있다. 단 0.001퍼센트의 확률이라도 일어날 수 있다면 너무 불안하다.

 정확하게 말하면 이런 것은 아무 의미없는 노력이다. 인생이 어떻게 나아갈지 그 자체가 불확실한데 어떻게 모든 것을 대비할 수 있겠는가?

불확실한 것을 끌어안는 용기

인간은 엄청난 학습능력을 가지고 있다. 학습이라는 것은 배우고 익히는 것이다. 익히려면 반복해야 한다. 시행착오를 거치고 다른 방식으로 바꿔보면서 몸에 익숙해지고 능숙해진다. 운동을 배우는 것도 그렇고 세상을 배워나가는 것도 그렇다.

그런데 확실한 것만 한다는 것은 아무것도 배우지 않겠다는 것과 같다. 어쩌면 이제는 다 배운 것 같을 수도 있고 더 하는 것이 무의미한 것처럼 생각될 때도 있다. 그러나 세상은 새롭고 재미있고 경이로운 것으로 가득 차 있다. 새로운 것을 만날 때 사람들은 경탄한다.

7호선 전철을 타고 가다보면 지하로 달리던 구간이 한강으로 들어가면서 갑자기 훤한 세상으로 나오며 남산과 한강이 보이는 아주 멋진 풍광이 나타난다. 가만히 보면 그때 아이들은 "야! 강이다!"라면서 소리를 지르며 감탄한다. 그러나 매일의 출퇴근에 지친 직장인은 강인지 지하인지 상관없이 휴대폰만 들여다보든가 꾸벅꾸벅 졸고 있다.

이렇게 새로운 것은 가슴을 뛰고 경탄을 자아내게 하지만 익숙해진 것은 지루하게 한다. 그런데 확실한 것만 하겠다는 자세는 가슴이 뛰는 것과 경탄할 만한 일들을 다 회피하겠다는 것이다.

세상은 불확실한 것을 두려워하지 않는 모험가와 창조가가 더욱 좋게 발전시켜왔다. 가게에 가야 물건을 살 수 있다고 생각하는 사람들에게 인터넷으로 물건을 사고 팔 수 있다는 것을 보여준 곳이 아마존이라는 거대 기업이다. 그들은 책을 팔고 사는 것으로 시작했지만 이제는 상거래 전체를 넘어 물건 배달을 위해서 드론 사업을 펼치는 등 아무도 가보지 않은 길을 가고 있다.

확실한 돌다리만 두드리다가는 손등만 까진다. 200년 된 회사인 듀퐁은 처음에는 화약을 만들다가, 나일론으로 가더니, 바이오 산업을 지나 종자 사업을 한다. 모든 것이 탄탄대로로 다 갖추어져서 하는 것이 아니라 불확실한 미래를 향하여 계속 변신해가는 것이다.

불확실성을 높이는 5가지 연습

1. 예정에 없던 일 해보기

이 방법은 시간 여유가 있을 때 할 수 있는 훈련이다. 무작정 새로운 곳에 그냥 가보라. 시청역 서울도서관에 가서 그냥 책 한 권 읽어본다. 무슨 책을 보려는 의지를 가지지 말고 그냥 손에 잡히는 대로 한번 읽어보라. 시내에 나간 김에 덕수궁이나 경복궁 같은 고궁을 들러봐도 좋다. 전혀 생각해보지 못한 곳을 그냥 한번 가보는 거다.

지하철에서 내려 마땅히 갈 곳이 없다면 그냥 눈에 들어오는 표지판대로 가보라. 미술관이 있으면 미술관에도 들러보고 시장이 눈에 들어오면 그냥 시장에 가보라. 물건을 사도 좋고 둘러만 보아도 괜찮다. 영화관에 가서 점 찍어둔 영화 말고 지금 제일 먼저 시작하는 영화를 한번 보라. 계획 없이 어영부영하다가 닥쳐서 하는 일도 꽤 괜찮다는 것을 경험해보라. 물론 자기 취향과 안 맞을 수 있다. 그러면 자기 취향을 확실하게 알게 되는 것이므로 그 또한 나쁘지 않다.

2. 일상에서 불확실함 감내력 높이기

지하철이든 버스든 평상시에 다니던 곳보다 한 정거장 먼저 내려서 걸어가보라. 익숙했던 풍경과 다른 것이 무엇인지, 늘 하던 방식과는 다르게 해본다. 익숙해지면 이번에는 아예 목적지를 지나쳐 한 정거장을 더 가본다. 버스도 다른 것을 타보고 빙 돌아가더라도 어떻든 다른 방법으로도 갈 수 있다는 것을 경험해보라.

꼭 마시던 찻집이 있다면 이번에는 다른 곳에도 가보라. 카페에서 항상 마시던 음료가 있다면 바꾸어보라. 바꾼 것이 마음에 들지 않으면 다시 원래로 돌아가도 된다. 그러나 바꾸는 행위 자체를 시도해볼 필요가 있다.

식당도 늘 가던 단골집이 있다면 이번에는 한번도 가보지 않았던 곳을 찾아가보라. 역시 마음에 안 들면 바꾸어도 좋다. 식당에 가면 메뉴판에서 먹어보지 않은 것을 선택해보라. 맨 뒤에서 두 번째 메뉴는 어떨까? 물론 원래 좋아하던 음식과 차이가 있고 기호에 맞지 않을 수도 있다. 그러나 낯선 시도를 통해 새로운 경험도 하고 불확실한 것을 견딜 수 있게 되며 조금씩 지혜로워진다고 생각해보라.

3. 계획 없이 여행하기

호텔 예약 없이 여행하는 것을 시도해보라. 너무 위험한 나라를 선택하는 것은 좋지 않다. 안전한 나라나 국내여행을 할 때 시도해보라. 현지에서 결정해도 좋고 마음내키는 대로 다른 도시로 옮겨봐도 좋다. 잘 짜인 틀 속에서는 누릴 수 없었던 자유를 만끽할 수 있다.

요즘은 워낙 정보가 많으니 여행을 가기 전에 엄청난 검색을 통해서 미리 시뮬레이션을 한다. 이곳에 들렀다가 저곳에 가고, 이것을 먹고 저기서 자고, 사진을 다 찾아보고 심지어 스트리트 뷰를 미리 챙겨보고 '이렇게 생겼구나' 다 알고 간다. 여행은 생각지 않았던 것, 미지의 세계와 조우하면서 받는 감동도 중요한 요소인데 미리 다 준비하고 가니 오히려 감동이 덜하다.

어디를 갈지, 그곳이 어떻게 생겼는지 모르고 그 장소를 가보는 것은 숨어 있던 짜릿함을 찾아내게 해준다. 이런 방법은 늘 계획적인 삶을 살던 사람에게는 너무 힘들 수 있다. '차라리 계획을 세울 것을!' 하면서 후회할 수도 있다. 그러나 이런 불확실성과 만나면서 지혜가 부쩍 자라는 법이다.

4. 창조성 증진하기

돈이 드는 것이 아니니 세상에 없는 물건이나 사업 형태를 새롭게 발명한다고 해보자. 세상의 모든 사업 영역이 레드오션 같은가? 그러나 어디에나 틈은 있다.

호주 멜버른의 한 빌딩 7층에 샌드위치 가게가 있었다. 샌드위치 가게가 얼마나 흔한가? 게다가 임대료가 없어서 7층으로 올라간 샌드위치 가게가 잘될 리 있겠는가? 그런데 그들은 대단한 아이디어를 냈다. 손님들이 7층까지 올라올 필요 없이 인터넷으로 주문을 하면 낙하산에 샌드위치를 매달아 낙하시키는 것이다. 손님들은 마냥 즐거워하며 밑에서 위를 쳐다보면서 자기 샌드위치를 기다렸다. 때로는 나무에 걸려서 다시 보내는 수고도 해야 했지만 이 샌드위치 가게는 대박을 쳤다. 바로 하늘에서 내려오는 샌드위치로 유명한 '제플슈츠 Jefflechutes' 이야기다.

불확실한 세상 속에서 불확실하지만 될 만한 아이디어를 한번 내보라. 어차피 투자금이 필요한 것이 아닌데 마다할 이유가 없다. 혹시 아는가? 이 책을 읽다가 본격적으로 스타트업 회사를 하나 차리게 될지.

5. 끝내지 않기

우리 마음은 신묘하게도 항상 무엇인가를 깔끔하게 마무리하고 싶어한다. 항상 빠르고 신속하고 정확하게 의사결정을 하라고 배워왔기 때문이다. 매사를 정확하게 가치고 싶어하는 이런 욕구를 견디고 종결하지 않는 훈련을 한다. 이 사람을 사랑하는가? 결정하기 어려울 때 지금 당장 결정하고 싶은 욕구를 뒤로 미루어본다. 미루지 말라는 압력을 견디는 것은 쉬운 일이 아니다. 그러나 그 답은 아직 그렇기도 하고 그렇지 않기도 하기 때문에 답하지 못하는 것이다.

답을 명쾌하게 내리고 싶은 것은 현실을 단순화하고 싶은 욕구 때문이다. 그러나 현실은 그리 단순하지 않다. 그래서 그 어떤 것도 답이 모호할 수밖에 없다. 결정을 못 내리고 있는가? 그냥 결정하지 말라. 모호한 것을 견디기만 해도 지혜로운 것이다.

 불확실성 높이기 훈련

◎ 세상 일이란 내 생각대로만 돌아가는 것은 아니다.

◎ 계획과 달라져도 아무것도 달라지는 것은 없다. 그 와중에 새로운 재미나 의미가 생길 수 있다.

1. 예정에 없던 일 해보기: 예정대로 살지 않아도 괜찮다. 아니 더 새로운 경험을 하면서 삶이 풍요로워진다.
2. 일상에서 불확실함 감내력 높이기: 늘 하던 대로 하지 않는 시도만 해도 불확실성을 견디는 힘이 나아진다.
3. 계획 없이 여행하기: 인생이 여행이라면 계획대로 되지 않는 것이 당연하다. 계획 없이 여행을 해보는 것만으로도 삶에 대한 통찰력

을 높일 수 있다.

4. 창조성 증진하기: 불확실하더라도 남이 해보지 않았을 만한 아이디어를 내보라. 반복하면 자신이 생길 수 있다.

5. 끝내지 않기: 종결하고 싶은 욕구가 휘몰아칠 때 견디어보라. 충분히 견딘 만큼 지혜로워진다.

··· 지혜 훈련 5 ···
길게 본다

장 부장은 이번 인사에 불만이 크다. 그동안 공을 들였던 중국 사업의 진두 지휘는 입사 동기인 김 부장에게 맡기고 자기는 국내 관광팀을 맡으라니. '5년 넘게 전력을 다했던 일이 이제야 꽃을 피우게 되었는데 그 열매는 김 부장이 다 따먹고 나는 완전히 물먹으라는 얘긴가? 이렇게 인정받지 못하는데 이 회사에는 미련이 없다' 라고 생각한 장 부장은 과감히 사표를 던졌다.

그런데 몇 달이 채 지나지 않아 사드 배치로 인한 중국의 반한 분위기 때문에 중국 사업이 영 말이 아니게 되었다. 결국 손해를 감당할 수 없어 철수하게 되었고 이사로 진급하여 중국으로 나갔던 김 부장은 회사 내 입지가 엉망이 되고 말았다.

반면 장 부장이 뛰쳐나가는 바람에 국내 관광팀을 맡게 된 후배는 국내 관광사업이 오히려 호조를 띠면서 사업이 일취월장하여 진급을 했다고 한다. 장 부장은 업계에서 씨알이 굵은 전문가라고 자부하면서 '내가 직장을 못 구할까 보냐' 하고 호기롭게 사표를 던졌지만 오라는 곳이 없어 조기 퇴직자 대열에 들어가버린 꼴이 되었다. 나중에 '조금만 참을 걸' 하며 땅을 치고 후회했지만 실직자 신세를 바꿀 수는 없게 되었다.

철수와 병수는 고등학교 단짝 친구다. 둘은 친할뿐더러 닮은 점도 많았다. 학교 성적이나 집안 환경도 얼추 비슷했다. 취직이 잘되지 않아 대학 졸업 후 2년을 꼬박 논 것도 같았다. 비슷한 시기에 지방에 있는 중소기업에 각각 취직했다. 그런데 여기서부터 좀 달라지기 시작했다.

병수는 비전 없어 보이는 곳에서 월급쟁이 생활을 하는 것에 슬슬 진력이 났다. 그만두고 다른 곳으로 옮겼지만 사정은 나아지지 않았다. 한두 번 회사를 옮기다 어려운 살림에 부모님을 졸라 빚을 내어 자기 사업을 시작했다. 처음에는 잘되는 것 같았지만 채무가 너무 커지게 되었다. 빚을 갚느라 안 해본 일이 없지만, 쉽지 않았다. 아무리 벌어봐야 이자를 갚는 것도 빠듯했다. 제대로 된 직장도 없는 판에 결혼은 꿈도 꿀 수 없다.

철수도 지방에 있는 작은 회사에 들어갔다. 그는 공장 내 숙소로 아예 옮겼다. 하루 세 끼 식사도 주고, 좁지만 방이 있으니 따로 크게 돈 들 일도 없고, 출퇴근도 신경 안 쓰니 좋았다. 봉급은 작지만 튼실한 회사였다. 한창 바쁘면 잔업도, 야근도 많았지만 그대로 수당으로 연결되고 특별히 돈 쓸 일이 없으니 통장에 돈 쌓이는 재미가 쏠쏠했다. 공부해 관련 자격증도 따며 한 회사에서 꾸준히 일을 하니 이 분야에서 장인의 반열에 오르게 되었다. 여러 곳에서 스카우트 제의를 받았지만 그를 붙잡으려 회사에서 급여를 대폭 올려주었고, 비록 지방이기는 하나 자기 집도 마련해 결혼하고 잘 살아가고 있다.

시간을 내 편으로 만드느냐, 장기적으로 보고 사느냐에 따라 아주 비슷하게 시작한 병수와 철수의 삶은 차이가 많이 나게 되었다. 이자가 기간에 따라 복리로 붙듯이 길게 보고 견디면 틀림없이 보상이 있다.

인생은 생각보다 훨씬 길다

새해가 된 지 얼마 안 된 것 같은데 어느새 여름이 되고 가을이 지나 겨울이 온다. 또 한 해가 갈 때마다 세월이 쏜살같이 흐르는 것 같다. 인생이 짧다고들 한다. '인생 일장춘몽'이라고 하지만 100년 세월은 결코 짧지 않다. 그래서 긴 호흡이 필요하다. 학교 다닐 때 무시했던 친구가 사업이 잘되어 큰돈을 벌기도 하고, 잘나가던 친구가 구설수에 휘말려 직장에서 잘리기도 하며, 공부 잘하던 친구가 병약하여 일찍 유명을 달리하기도 하는 것이 세상이다.

'왜 내게 이런 일이?' 할 때 조금만 기다려보자. 횡단보도에서 빨간불이 들어왔을 때는 멈추어야 한다. 기다리면 초록불은 다시 들어온다. 빨간불일 때 멈추지 않고 가던 길을 계속 가면 차에 치이기 십상이다. 이번 신호에 못 건넌다고 인생이 끝나는 것은 아니다. 조금만 호흡을 길게 하며 기다려보자.

실제 물리적인 시간과 사람들이 지각하는 시간은 다르다. 어렸을 때는 시간이 정말 가지 않아 '어서 어른이 되어서 술도 마시고 마음대로 놀아야지' 했던 사람도 나이가 점점 들어가면서 시간이 얼마나 빨리 가는지 모른다고 너무 아쉽다고 한다.

객관적으로 시간만큼 공평한 것도 없다. 부자나 가난한 자나, 갑이나 을이나, 힘이 있는 자나 없는 자나, 모두에게 시간은 공평하게 흘러간다. 그러나 그 시간에 대한 인식은 정말 천양지차다.

어떤 사람은 과거에 집착한다. 특히 과거의 부정적인 것에 집착한다. '그때 힘들었던 것이 인생을 힘들게 만들었다'며 부모 탓, 환경 탓, 자기 탓을 한다. 과거의 늪에서 벗어나지 못한다.

어떤 사람은 과거의 긍정적인 것에만 집중한다. 추억을 되새기는 것은 좋지만 좋았던 시절 타령만 하면 현재는 중요하지 않게 된다.

또 어떤 사람은 현재에만 집중한다. 지금 당장 좋은 일이 있어야 한다. 오늘 즐거워야 하니 돈이 있든 없든 맛집을 찾아다니고, '메뚜기도 한철'이라는 미명 아래 뻑하면 해외여행에, 빚을 내서라도 명품을 사야 한다. 현재의 즐거움에만 인생을 거니까 미래를 준비하지 못한다.

반면에 현재의 힘듦에만 집중하는 사람이 있다. 지금 당장 되는 것이 없으니 "내 인생은 끝났다"고 한다. 이렇게 삶이 우울하니 앞으로도 영원히 우울할 것이라고 생각한다. 많은 우울증 환자가 지금의 자기 모습을 보고 미래가 암울하여 "이렇게 살 바에는 죽는 것이 낫다"고 말한다.

어떤 사람들은 미래에 집중한다. 미래의 꿈을 세우고 열심히 살아간다. 계획도 세우고 늘 꿈에 부풀어 있다. 그러다 보니 현재는 별로 중요하지 않다. 미래의 꿈에 오늘을 저당잡힌 셈이다.

어떤 태도가 맞는가? 사실 삶의 지혜란 인생은 절대 한순간이 아니고 이 모든 것이 다 합쳐져 삶의 시간을 구성한다는 사실을 아는 것이다. 과거의 좌절과 실수가 있었기에 현재 변화가 있는 것이고, 현재 투자가 연결되어 미래가 있다. 드라마로 따지면 매일 한 편씩 찍는 장편이다. 25년에 걸쳐서 16권으로 완성된 박경리의 대하소설《토지》는 원고지 4만 장 분량에 600명의 등장인물이 나오는 것으로 유명하다. 그러나 당신의 인생은 그 정도가 아니다. 100세를 사는 동안 수백, 수천, 어쩌면 수만 명의 사람이 등장했다 사라진다. 책 16권으로 당신의 이야기를 다 쓸 수는 없을 것이다.

그러니 절대로 한순간, 며칠, 몇 달, 몇 년, 심지어 몇십 년의 어려움으로 자신의 인생을 정의하지는 말아야 한다. 과거 경험의 교훈을 가지고 삶에 투자하여 점점 나아지며 달라질 수 있는 법이다. 찬란했던 시기도, 괴로웠던 시기도 내가 주인공인 드라마의 한 장면이다. 매 순간이 결말과 연결된 소중한 장면이 된다는 것을 명심해야 한다. 드라마의 마지막 장면은 오로지 내게 달려 있다.

길게 보는 6가지 연습

1. 인생 그래프 그리기

각자의 인생 그래프를 그려보자. X축은 나이다. Y축 맨 아래는 -100으로, 중간 지점은 0, 맨 위는 +100이다. 유치원 때 아무 생각이 없었을 때는 한 50점이었던 것 같고, 중학교 때 친구와 갈등이 생겨서 어려웠을 때는 -30 정도로, 대학교 입시에 실패했을 때는 -80 정도로 매겨본다. 정확한 기준은 없다. 그냥 생각하는 대로, 느껴지는 대로 각자 편하게 그려보면 된다.

가장 안 좋을 때와 가장 좋았던 때가 어디쯤인지 따져보라. 삶이 얼마나 굴곡이 있었는지 살펴본다. 롤러코스터처럼 오르락내리락하는 것이 인생이다. 언젠가 정말 힘들었다면 그래도 지나갔다는 것을 기억해보라. 지금이 만약 가장 힘들다면 그동안의 경험으로 보아 이런 순간도 지나간다는 것을 잊지 말자. 이렇게 계속 사는 것만 아니라면 그 어떤 고통도 곧 흘려보낼 수 있다.

2. 경험에서 배우기

가장 괴로웠던 순간을 떠올려보라. 그때 어떤 것이 그렇게 괴로웠는지도 생각해보라. 지금이라면 그 괴로움을 어떻게 할 것인지 써보라. 만약 그렇게 괴로웠을 때 도와주었던 사람들이 있고 당신처럼 그런 고통으로 힘들어하는 사람이 있다면, 당신은 어떻게 도와줄 것인지 생각해보라. 그 힘들었던 순간을 경험함으로써 당신에게 나아진 것이 무엇인지 생각해보라.

지금이 인생 중 가장 힘든 시기일 수도 있다. 우선 그 힘든 순간에 이 책을 보고 있는 당신에게 진심으로 찬사를 보낸다. 당신의 노력이 이런 어려움을 지나쳐 보낼 수 있도록 만들어줄 것이다. 어떤 경험도 삶을 찬란하게 만들 수 있는 재료가 된다는 것을 잊지 말자.

3. 충분히 미루기

자기계발서는 '미르지 말고 지금 당장 할 일을 하라'고 한다. 어차피 할 일이라면 당장 하라는 것이다. 그러나 이렇게 당장 하는 것이 쉬운가? 인간의 본성은 무엇이든지 미루고 뒤에 하려는 경향이 있다. 방학 숙제는 늘 마지막 날이 되어야 하는 것이었고, 일요일 밤이 되면 주말 내에 꼭 했어야 하는 일이 생각나지 않는가. 그렇다면 굳이 천성을 거슬러가면서까지 당장 해야 할 이유가 뭔가.

그냥 충분히 미루라. 사표를 확 던지고 싶어도 꼭 오늘 던질 필요는 없지 않은가? 월급 받는 사람의 장점은 하루를 버티면 일당이 나온다는 것이다. 돈이 나오는 일인데 뭐 서두를 필요 있는가. 그냥 뒤로 미루어보자. 그동안 살면서 늘 결정 못 하고 미룬다고 욕 좀 먹지 않았는가. 평생 미루었는데 못 미룰 것이 있는가. 그냥 이번 기회에 충분히 미루어보라. 뒤로 미루다보면 마음이 바뀔 수도 있다.

4. 반응만이라도 뒤로 미루기

어떤 일이 생기면 즉시 반응할 필요는 없다. 군대 문화 때문인지, 무서운 엄마 때문인지 우리는 즉시 답을 해야 한다는 교육을 받고 살아왔다. 그러나 세상일이 꼭 그렇게 재깍재깍 반응을 해야 하는 것은 아니다. 물론 "속이 터진다"는 둥, "반응 좀 하라"는 둥, 옆에서 끊임없이 자극을 하고 들들 볶는 사람이 있을 수 있다. 그렇지만 그 페이스에 말리지 말고 약간 늦게 반응하는 것을 연습해보라.

밥을 먹는 속도도 좀 늦춰서 그 전보다 훨씬 꼭꼭 씹어 천천히 먹는다. 커피를 한잔 마셔도 벌컥벌컥 마시지 말고 향도 음미하고 컵으로 전달되는 따듯한 온도도 느끼면서 천천히 마셔보라.

전반적인 삶의 속도를 늦추어 본다. 천천히 걸어야 보이는 것이 있듯이 삶의 속도가 느려졌을 때 새로운 세상이 열리기도 한다. 이 시대에 대한민국에 산다면 어차피 급해질 수밖에 없다. 내가 늦출 수 있는 것을 최대한 늦춘다면 삶을 조금 여유 있게 볼 수 있다.

5. 영원의 시간 경험하기

우리는 효율적으로 신속하게 일을 처리하는 법을 배우느라 평생을 보냈다. 그래서 늘 시간이 없고 바쁘다. 잠시나마 영원의 시간 속에 침잠하는 것을 배워보라(훈련 5에서 배울 마음챙김 연습도 도움이 된다). 제대로 명상을 하는 것이 아니더라도 능률과 효율이 아닌 안식의 시점을 누려보라. 하루가 천 년 같고 천 년이 하루 같은 영원의 시간 속에 있어보라. 살아있는 동안 자기 욕심을 채우기에 급급한 것이 아니라 영원한 시간에서, 역사의 한가운데에서, 내 인생을 넘어서 존재하는 마치 창조주의 시각으로 지금을 바라보라. 바로 앞에 있는 것에 급급한 것이 아니라 멀리 떨어진 것을 조망하는 마음으로, 높은 산에서 아래를 바라보듯이 시간을 멀리 있는 것처럼 경험해보라.

6. 시간을 거꾸로 벌기

현대인은 시간이 너무 없다. 그래서 시간을 벌기 위해 너무 애를 쓴다. 밥도 후다닥 먹고, 커피도 후투룩 마시고, 이동 중에도 뛰어가고, 무슨 일이든 서두른다. 그런데 놀랍게도, 아무리 빨리해도 시간은 늘 없다. '빨리빨리'가 우리나라의 대명사로 외국인도 가장 먼저 배우는 한국어가 되어버렸고 우리나라의 국제 전화번호가 82인 것도 빨리를 강조하기 위해서라는 놀림을 받을 정도다.

그럴 바에는 차라리 시간을 벌기 위해서 거꾸로 해보는 것도 좋다. 자판기 커피를 먹는 것보다 번거롭지만 다판에 차를 부어가며 제대로 차를 만들어서 한잔 하는 시간을 가져보는 것은 어떨까. 마구 달려가는 것보다 '왼발 오른발, 왼발 오른발' 하면서 마치 걷기 명상을 하는 것처럼, 오른발 바닥에 느껴지는 느낌, 무릎에 전달되는 감각을 알아차리고 왼발 바닥에 느껴지는 느낌, 무릎에 전달되는 감각에 마음을 두어보면 어떨까. 급하게 관광 명소에서 '인증샷'만 남기는 여행보다는 조용한 산사 같은 곳에서 천천히 걸어보는 것은 어떨까. 퍼즐 맞추기, 블럭 조립 등 시간을 많이 쓰는 취미를 할 때 오히려 엄청난 몰입감과 함께 평온이 찾아올 수도 있다.

바쁜 나라일수록 슬로우 시티가 인기이고 일이 많은 비즈니스맨일수록 아무것도 안 하는 휴가를 즐기듯이 바쁘면 바쁠수록 천천히 시간을 많이 들이는 일을 시도해보자. 처음에는 너무 마음이 급하고 바빠질 것이다. 그러나 "급할수록 돌아가라"라는 말이 진리인 것처럼 바빠서 마구 달릴 때는 도저히 느끼지 못했던 삶의 여유를 찾는 순간이 온다.

길게 보기 훈련

◎ 인생은 생각보다 길다.
◎ 뒤로 미루어도 크게 낭패 보는 일은 없다.
◎ 조금이라도 길게 보는 것이 유익하다.

1. 인생 그래프 그리기: 얼마나 많은 상승과 하강이 있었는지, '바닥이었던 순간도 결국 지나갔다'는 사실을 깨우쳐라. 지금 바닥이라면 그것도 지나갈 것이다.
2. 경험에서 배우기: 인간은 경험에서 모든 것을 배워서 산다. 아무리 어렵고 힘들었던 경험도 더 나은 삶을 위한 재료가 된다.
3. 충분히 미루기: 웬만한 것은 미루어도 큰일이 일어나지 않는 것을 체험하라. 이 훈련을 하지 않아도 어차피 미룰 가능성이 많지 않은가? 그렇다면 마음 편히 적극적으로 미루는 훈련을 하라.
4. 반응만이라도 뒤로 미루기: 촉새에서 신선으로 거듭나보라. 발끈 반응하는 지혜로운 사람은 없다.
5. 영원의 시간 경험하기: 신의 관점에서 멀리 바라보라.
6. 시간을 거꾸로 벌기: 시간이 많이 걸리는 활동을 통해 오히려 여유가 생기는 역설을 경험해보라.

··· 지혜 훈련 6 ···
더 큰 존재를 인정한다

정의 씨는 목에 칼이 들어와도 바른 말을 한다는 사람이다. 불의를 보면 참지 못하고 대신에 화끈하지만 뒤끝은 없다고 한다. 말은 근사하지만 사회생활에서는 문제를 많이 일으킨다. 윗사람에게도 자신의 이름에 걸맞게 '정의'란 이름으로 과감히 옳은 말을 하지만 너무 거침없이 말해 맞는 말을 해도 듣는 사람들은 기분이 나빠진다. 결과적으로는 말이 더 통하지 않는다. 그러면 정의 씨는 그들을 나쁘다고 더 몰아세우고 상대는 더 방어적이 된다.

방어적으로 변한 사람의 행동은 바꾸기 어렵다. 어려서 읽었던 지나가는 행인의 옷을 벗기려 했던 햇님과 바람의 내기 동화를 기억하는가. 바람이 제아무리 세게 불어도 행인은 옷을 더 여미고 꽁꽁 싸맨다. 그러나 따뜻한 햇살을 내리쬐면 옷은 벗겨진다. 세상에서 아무리 정의로운 이야기를 하고 그것을 실천한다고 하더라도 다른 사람의 인격을 완전히 깔아뭉개야 한다면 다시 생각해야 한다. 그런 면에서 정의 씨는 늘 옳고 바른 말을 했지만 겸손과는 거리가 멀었고, 언제나 자신만이 맞다고 주장을 했기 때문에 오히려 통하지 않았다.

창우 씨는 유망한 학자였다. 외국 유학도 우수한 성적으로 마쳤고 좋은 논문도 써서 그 어렵다는 대학교수 임용을 앞두고 있었다. 농촌에서 자라 주위의 도움 없이 순전히 자신의 능력으로 이 어려운 자리를 차지하게 된 것에 자부심이 가득했다.

불행은 임용 직전에 찾아왔다. 교차로에서 신호를 위반한 차에 교통사고를 당해 중상을 입었다. 당장 걷지를 못하고 병원 생활을 오래 하게 되니 임용도 취소가 되었다. 너무 화가 나고 상황을 받아들일 수 없었다. 게다가 가해 차량은 창우 씨가 신호를 위반했다고 주장했다. 블랙박스도 없고 증인도 없어서 결국 소송을 통해 가릴 수밖에 없다는데, 보험회사 반응도 시큰둥하고 사고 시점에서는 임용 직전이었기에 무직이라 배상받을 수 있는 금액도 미미하다고 한다.

긴 투병 속에서 온갖 성질을 내다보니 변호사도 창우 씨를 피하고, 옆에서 간병을 해주던 애인도 떠났다. 인생이 완전히 무너졌다. '세상 모든 사람이 내가 얼마나 대단한지도 모르면서 다 이렇게 짜고 내 인생을 망치는구나' 하고 울분 속에서 살아가는 그의 삶은 아직도 회복되지 못하고 있다.

겸손하고 고요하게 지혜를 구한다

많은 부모가 옳은 말을 한다. 그러나 아이들은 말을 듣지 않는다. 그 말이 틀려서가 아니라 부모는 옳은 말을 기분 나쁘게 하는 능력이 있기 때문이다. 부모는 자신이 절대 선인 것처럼 착각하고 말을 한다. 다 아는 듯, 마치 전지전능한 능력이 있는 것처럼 말한다. 실상 그렇지 않다는 것을 자녀들은 다 안다. 그러니 말이 통하기가 어렵다.

일단 말이 안 통하면 부모들은 목소리가 커진다. 부모의 판단에 의하면 이것이 옳은 일이고 맞는 일인데 아이들이 따라주지 않으니 속상하다. 큰소리가 나오기 시작하던 그 내용이 아무리 옳더라도 더 이상 전달되지 않는다. 조용하고 나긋하게 말하는 것은 소리가 작아도 전달이 잘되지만 큰소리는 아무리 크게 말해도 들리지 않는다. 역사 이래 한번도 바뀐 적이 없는 큰소리의 모순이다.

트럼프와 오바마 대통령은 늘 여러 가지 면에서 비교가 된다. 누가 더 훌륭한 인물인지는 후대 역사가가 평할 일이고, '지혜로운 사람'이라는 관점으로 보았을 때 트럼프 대통령은 수완 좋은 사업가요 정치인이지만, 지혜 있는 사람이라고 하기는 어렵다. 그것을 결정하는 가장 큰 차이는 일단 말이 너무 많고 겸손하지 않으며 시끄럽다는 것이다.

물론 그렇게 하는 것은 자신의 이미지를 만드는 트럼프 대통령의 고도의 전략이며 그렇게 해서 열세를 뒤집고 대통령까지 되기도 했다. 그러나 목표를 이루었다고 지혜로운 것은 아니다. 삶에서 어려운 문제를 풀어나가는 것이 지혜라면, 트럼프도 많은 문제를 풀어내고 있으니 지혜로운 사람인가? 경제 문제를 풀기 위해 외교 문제를 꼬이게 하고, 표를 얻기 위해 다른 사람의 가슴에 대못을 박는 행동은 결코 지혜로운 것이 아니다. 자신만이 모든 문제를 풀 수 있다는 거만함도 지혜와는 거리가 있다. 자신의 목표를 달성하고 성공에 가까워질 수는 있어도, 인생에서 벌어지는 여러 문제에 잘 대처하는 지혜 본연의 모습과는 거리가 있다.

자신보다 더 큰 존재, 다른 차원을 인식해서 생기는 겸손은 지혜의 두 번째 원리인 '맥락주의'와 잘 물려 있어야 한다. 나설 때인지 나서지 말아야 할 때인지 맥락을 잘 알아야 한다. 함부로 나서면 겸손하지 않은 것이지만, 나서야 할 때 나서지 않는 것은 책임 회피다. 과한 겸손도 교만이 될 수 있다. 스스로 귀하게 여기는 범주 내에서 자신의 위치를 자각하는 것이 겸손이다.

칭찬이 지나치면 아부가 되듯이 겸손도 지나치면 해가 될 수 있다. 그러나 우선은 겸손해야 한다. 나보다 더 큰 것이 있고, 세상에는 나보다 더 많이 아는 사람도 있고, 내가 모르는 세상도 있다는 것을 인정해야 한다. 이렇게 더 큰 것을 인정하고 내가 늘 살고 있던 차원과 다른 것이 있다는 것을 받아들이고 나면 겸손해질 수밖에 없다. 그러면 성품도 따라 좋아진다.

겸손해지는 6가지 연습

1. 남의 장점 찾기

이 훈련은 위인이나 닮고 싶은 이상형의 사람을 두고 하는 것은 별 도움이 되지 않는다. 평상시에 자신과 비슷하거나 오히려 좀 못하다고 생각했던 사람들을 대상으로 시작하는 것이 좋다. 좀 못났다고 생각하던 그 사람에게서 나보다 나은 점을 찾아봐야 한다. 어린 사람이나 자녀들을 대상으로 해도 좋다.

더 순수하다, 생각이 바르다, 달리기를 잘한다, 이를 잘 닦는다, 밤샘 능력이 있다, 게임을 잘한다, 팔씨름을 잘한다, 노래를 잘한다, 팔뚝이 굵다, 손톱이 예쁘게 생겼다, 분리수거를 잘한다, 잘 참는다, 라면을 잘 끓인다, 추위를 잘 견딘다, 뜨개질을 잘한다, 시력이 좋다, 피부가 곱다…….

목록은 한없이 길 수 있다. 결국 세상 누구에게라도 배울 것은 있는 법이다. 내가 세상의 최고가 아니라는 것, 남이 나보다 훌륭한 점이 있고, 그러니 나도 겸손할 필요가 있다는 생각이 들 때까지 반복해보라.

2. 묵언 수행

불가에서 흔히 하는 것으로 일상생활에서 간혹 해보는 것도 의미가 있다. 시간을 정하는 것이 좋다. 토요일 하루를 정하거나 밤 9시부터 다음 날 아침까지, 제한된 시간에 한마디도 안 하고 시간을 보내는 것이다. 처음에는 가족에게 알리고 집에서 시작해도 좋다. 부부 사이에 문제가 있을 때 시도하면 별거나 이혼의 빌미로 연결될 수 있으므로 충분히 납득을 시킨 다음에 시작해야 한다.

혹시 가족이 아닌 사람들을 만나야 할 때는 오해의 소지가 있으므로 휴대폰에 "묵언 수행 중, 죄송합니다"라고 메모를 하거나 펜으로 써놓은 메모지를 가지고 다니다가 보여주는 것이 사회 관계 유지에 좋다. "너무 답답해서 죽을 것 같다"는 사람도 있지만 "말을 안 하고 사는 것이 이렇게 편한 줄 몰랐다"는 사람도 있다. 조용함과 침잠의 매력을 느껴보자.

3. 인위적으로라도 친절하기

아무리 좋은 성품을 갖추어보려고 해도 쉽지 않을 것이다. 자신의 성품이 좋아진다고 하는 것이 스스로 봐서는 좀 가증스럽게 여겨질 수도 있다. 이럴 때는 아무 이유 없이 그냥 다른 사람에게 친절을 베푸는 훈련을 하는 것이 좋다. 아침에 커피 한잔 사다주기,

쓰레기통 비워주기, 물건 들어주기 등도 좋다. 왜 이런 친절을 베푸느냐고 물으면 "그냥"이라고 답하라.

어떤 방식이든 다른 이의 기분을 좋게 만드는 것은 좋은 일이다. 그냥 이렇게 따듯한 세상을 만드는 데 내가 기여하는 것만으로 나는 이미 좋은 성품을 가지기 시작한 것이다. 지금은 해쳐 한 핑클 멤버가 다시 모여 캠핑카를 타고 옛정을 나누면서 레트로 감성과 함께 진솔한 이야기를 나누어 많은 인기를 끌었던 〈캠핑 클럽〉에 멋진 장면이 있다. 이효리가 이렇게 말한다.

"어제 스쿠터 탔을 때 내가 그늘 좀 지나서 섰던 것 알아? 너희 그늘에 서라고."

그러고 나서 자신에게 감동했다고 하면서 말한다.

"그런 것이 자존감을 올려주는 거 알아? 남이 몰라도 내가 내 자신이 기특하게 보이는 순간이 많을수록 자존감이 높아져."

정말 명언이고 진리다. 남을 친절히 대하면서 자신의 성품이 나아지는 일석이조의 효과를 거둘 수 있다.

4. 더 큰 힘 인정하기 _____

겸손함을 높이는 가장 좋은 방법은 세상이 내 마음대로 굴러가는 것이 아님을 확인하는 것이다. 아무리 노력해도 안 되었던 일을 찾아보자. 운명이어도 좋고, 하나님이어도 좋다. 그러나 세상을 굴리는 이가 최소한 나는 아니라는 것을 명심하자.

기독교의 교리는 간단하다. 내가 세상을 운전하는 것이 아니라 하나님이 운전하고 있다는 것을 고백하는 것이다. 절대자가 아닌 이상 세상이 내 마음대로 안 되는 것은 당연하다. 내 마음대로 안 되는 것이 정상이다. 내가 날씨, 지구의 자전이나 공전, 세계 정세나 지구 온난화를 좌지우지하는 것이 아니다. 나는 대자연의 일부이고 연결되어 있을 뿐이다. 그런 큰 힘에 영향을 받는 아주 작은 개체라고 한다면 겸손해지지 않을 수 없다.

5. 분노 관리하기

화를 폭발해서는 지혜로워지기 어렵다. 화낼 만한 일이 점점 많아지는 세상에서 어떻게 화를 관리할 것인가?

화를 내지 않는 사람보다는 화를 내지 못하는 사람이 많다. 분노라는 감정을 억누르기만 하는 것이다. 그러다가는 참다 참다 '폭발'한다. 화는 참아서 해결되는 것이 아니다. 화가 났으면 화가 날 만한 이유가 있는 것이며 이때 느끼는 분노는 지극히 자연스러운 감정이다. 그래서 그냥 "내가 화가 났구나"로 시작하면 된다. 화나게 한 사람에게도 "그랬구나" 하는 식으로 말을 시작하는 것이 좋다.

아이가 그릇을 깼다. 엄마는 화를 낸다. "왜 그리 칠칠맞냐", "주의하지 못하니", "넌 왜 맨날 그 모양이냐"는 식으로 핀잔을 주고 폭언을 한다. 물론 아이를 비난하고 싶은 마음이 있겠지만 그냥 "깼구나"로 시작하고 자신에게도 "화가 났구나"라고 말해보라. 시험을 망친 아들에게 "어쩌려고 이러냐", "정신이 있냐 없냐" 이런 독설 말고 "이번에는 이렇게 성적이 나왔구나" 정도로 해보라. 오히려 아들이 정신이 번쩍 들 수도 있다.

이렇게 "~구나"를 날려준 다음에 자신의 바람을 말하면 근사한 분노 관리 훈련이 된다. "다음에 그릇을 씻을 때는 좀 조심하면 좋겠다", "다음 시험 볼 때는 좀 더 좋은 성적이 나오면 좋겠다" 정도로. 아이들은 또 그릇을 깨고, 또 나쁜 성적을 들고 올 수 있지만 적어도 부모는 아이에게 혹독한 인상을 남기지 않을 것이다.

회사에서도 실적이 좋지 않은 부하 직원에게 생난리를 피우는 것은 별 이득이 없다. "이번에는 실적이 이랬구나. 다음에는 더 좋은 실적을 기대한다" 정도로 말하면, 상사를 다시 보게 될 것이다. 어쩌면 다음번에는 더 좋은 실적을 올릴 수도 있다.

6. 마음챙김

그동안 익숙해 있던 생각 속에서 한발 떨어져 눈을 감고 편안히

앉거나 누워서 지금 이 자리에서 느껴지는 감각에만 주의를 기울여보자. 마음챙김은 명상의 하나이고, 명상은 우선 자기의 마음을 어느 하나에 두고 집중을 유지하는 것으로 시작한다.

우선 내 자신을 둘러싼 환경에 마음을 두어보자. 이 방이 어떻게 생겼는지 가구는 어떻게 있는지 마음속에 그대로 그려보자. 그 상태에서 자신의 느낌을 찾아보자. 내가 무엇을 느끼는지, 의자에 닿는 엉덩이 느낌을 생각해보자. 누워 있다면 등에, 허벅지에, 땅에 닿은 부분의 느낌을 찾아보자. 몸에서 느껴지는 어떤 감각이라도 찾아보자. 내 몸에서 어떤 감각이 느껴지는지 그대로 보자. 잠시 그대로 머물러서 몸의 감각을 느껴보자.

그 상태에서 자신의 호흡에 마음을 두어보자. 들숨이 들어오는 것, 날숨이 나가는 것에 그대로 주의를 기울이자. 호흡 자체에만 마음을 준다. 바로 이 순간 다른 생각, 느낌에 마음이 가더라도 다시 호흡으로 주의를 가져오자. 호흡은 당신이 태어난 순간 이래 지금까지 계속 같이 있었다. 그렇지만 거기에 내 마음을 둔 적은 별로 없었다. 숨을 제대로 쉬려고 하거나 심호흡을 하거나 복식 호흡이나 단전 호흡을 억지로 하는 것이 아니다. 그냥 있는 그대로 자연스러운 숨에만 집중한다. 호흡에만 마음을 준다.

이제 자연스럽게 자신의 생각에 마음을 두어보자. 내 생각이 어떻게 지나가는지, 지금 무슨 생각을 하는지 바라보라. 어떤 생각이 오면 오는 대로, 가면 가는 대로 내버려두라. 그냥 보낼 수 없는 생각이 와서 머릿속을 맴돌고 있다면 그냥 그 생각을 바라보라. 어떤 욕구를 느끼거나 생각이 나더라도 '내가 지금 이런 욕구를 느끼는구나'만 알아차리고 원래 주의를 두던 곳으로 들어오라. 이런 것을 '알아차림'이라고 한다. 명상에서는 이렇게 하는 명상을 주의를 어느 한 곳에 기울여서 집중하는 집중 명상과는 구분해서 자신의 모든 것을 알아차리는 것이기 때문에 '알아차림 명상'이라고도 한다.

마음챙김 명상의 역사는 수천 년이 되었고 과학적, 의학적 연구 결과도 우리 심신에 도움을 주는 것이 확실하게 밝혀졌다. 그러나 마음챙김은 지식이 아니라 실천해야 하는 수련이기에 시간을 들여야만 가능한 방법이다. 하루아침에 되는 것도 아니다. 이것을 어쩌다 생각이 날 때 하지 말고 늘 일상에서 지속적으로 해보라. 마음챙김 명상이 몸에 익숙해지면 즐기면서 할 수 있다.

마음챙김 명상을 할 때 열린 마음과 호기심을 가지고 완전히 초보자의 마음으로 하는 것이 중요하다고 한다. 평상시에는 한번도 해보지 않았던 것을 해보는 것처럼, 살면서 아주 처음 하는 것 같은 신기한 초보자의 마음으로 주의를 기울여보면 그동안 내가 살아왔던 세계와는 완전히 다른 세상을 경험할 수 있다. 이렇게 너 생각과 감정에서 한 발이라도 떨어져 다른 것이 있다는 것을 깨우치는 연습을 해보자. 이것만 해도 지혜에 더 빠르게 다가갈 수 있다.

 겸손해지기 훈련

◎ 겸손과 싸워서 이길 수 있는 교만은 없다.
◎ 지혜는 시끄러움보다는 고요함 속에서 자란다.
◎ 내가 아는 것을 넘어서는 다른 존재가 있다는 것만 인정해도 지혜로운 것이다.

1. 남의 장점 찾기: 세상의 어느 사람에게라도 배울 것이 있고, 나보다 나은 점이 있다는 것만 찾아내도 겸손해진다.
2. 묵언 수행: 말로 얼마나 많은 죄를 짓고 교만해지는가. 때로 묵언 수행을 하려 굳이 템플스테이나 산으로 도를 닦으러 들어가거나 기도원에 가지 않아도 된다. 말만 하지 않으면 적어도 지혜롭게 보일 수 있다.
3. 인위적으로라도 친절하기: 좋은 품성을 가지려는 일은 많이 힘들 수 있다. 오랜 노력과 시간이 필요할 수도 있다. 그러나 좋은 품성을

가진 사람처럼 사는 것, 그렇게 행동하는 것은 당장 할 수 있다. 인위적으로, 억지로라도 친절을 베풀어보라. 금방 친절한 사람이 되고, 겸손하고 좋은 품성을 갖춘 사람이 될 수 있다.

4. 더 큰 힘 인정하기: 어차피 세상을 움직이는 모든 짐을 내가 다 질 필요는 없다. 아니, 내게는 아예 그런 능력이 없다. 그렇다면 그리 전전긍긍하지 않아도 되지 않겠는가. 거대한 절대자 앞에 선다면 나는 겸손할 수밖에 없다.

5. 분노 관리하기: '~구나'에 이은 '~면 좋겠다' 식의 화법은 자기 화를 달래는 것뿐 아니라 상대방의 화도 줄여준다.

6. 마음챙김: 이는 그동안 살아오던 것과 다른 방식으로 세상을 만날 수 있게 해주는 좋은 방법이다. 지금 여기서 어떤 생각과 감정을 가지고 어떤 감각을 느끼는지 객관적으로 떨어져 알아차리고 바라보는 것만으로도 자신과 세상에 대한 다른 관점을 가질 수 있다.

··· 지혜 훈련 7 ···
공감하고 수용한다

박 부장은 능력 있고 카리스마 넘치는 리더다. 추진력도 대단하고 맡은 바 일은 확실히 해낸다. 임원들도 박 부장의 능력을 인정한다. 회사에서 난제라고 했던 여러 프로젝트도 매번 잘 해결해내 신임이 크다. 그러나 부하 직원들은 그와 한 팀이 되는 것을 끔찍이도 싫어한다.

결혼 8년 만에 아이를 가졌던 여직원이 야근 끝에 유산을 하고 눈물을 흘리는데도 자기 앞에서 울지 말고 나가라고 했다. 입사 동기와 경쟁을 거듭하다가 끝내 승진에서 밀린 김 과장이 소주 한잔 하며 넋두리하는 면전에서는 "시간 낭비 말고 어서 가서 일이나 하라"고 했다. 이혼 후 혼자 아이를 키우는 직원이 아이가 유치원에서 다쳤다고 가봐야겠다는 말에 "원래 아이는 다치며 크는 것이니 일에나 집중하라"고 하는 등 남들의 마음을 이해하거나 그들이 놓인 상황에 공감하는 법이 없다.

이런 상황이 반복되니 부하 직원들의 서운함과 불만이 터져 나오고, 은근히 "그 사람은 능력이 있어도 문제가 많아"라는 식의 소문이 날 수밖에 없다. 박 부장은 억울하다. 회사 일을 우선순위로 두고 그렇게 몸 바쳐왔는데 자신을 알아주지 않으니 화가 난다. 그러나 정작 자신 때문에 얼마나 많은 사람이 화가 나 있는지는 알지 못한다. 공감 능력이 없으니 다른 사람들의 감정을 도저히 읽어내지 못한다.

김 여사는 유복한 집에서 자라 든든한 사업체를 운영하는 남자와 결혼했다. 장성한 자녀들도 다 결혼을 했고 직장도 좋아서 남이 보면 부족할 것이 하나 없는 사람이다. 그러나 김 여사의 삶은 행복하지 않다. 남편과의 관계도 껄끄럽다. 비교적 너그러운 성품이었던 남편은 결혼 초기에는 김 여사가 하자는 대로 잘 따라주었지만 시간이 갈수록 김 여사의 끊임없는 요구에 지쳐갔다.

김 여사는 늘 자기밖에 모르고 남편은 한번도 돌아보지 않았다. 시어머니가 넘어져 허리뼈에 금이 갔다는 연락에도 친구의 생일 약속이 중요했고, 남편이 중요한 계약을 하러 간 해외 출장에서도 함께한 자신의 쇼핑 시간에 늦었다고 남편에게 퍼부어댄 것이 한두 번이 아니다.

오로지 자신만을 생각하고 남들은 전혀 아랑곳하지 않는 태도에 자녀들도 김 여사를 피하기 시작했다. 김 여사는 자식들에게 "내가 얼마나 정성을 다했는데 이 꼴이냐"고 화를 내고, 남편에게도 "당신이 중재를 잘못해서 그렇다"고 원망을 퍼붓는다. 끊임없이 남을 원망하고 주변 사람에 대한 불평이 계속됐다. 결국 남편도 더 견디지 못하고 이혼을 선언하고 말았다. 김 여사의 원망과 분노는 점점 더 이루 감당할 수 없게 되었다.

민성 씨의 별경은 '독일 병정'이다. 정신의학에서는 감정표현불능증 Alexithymia 이라는 용어를 쓰는데 이에 해당될 정도로 자신의 감정을 드러내지 못한다. 이 말은 원래 1970년대에 특별한 신체질환 없이 몸이 아픈 심신증 환자들이 자신의 감정을 잘 표현하지 못하고 자신의 상태를 잘 알지 못하는 것을 신체가 불편한 것으로 나타낸다고 이름 붙여진 것이다.

민성 씨도 본인이 감정 표현이 별로 없다는 것은 알고 있었지만 아버지가 갑자기 사고로 돌아가시고 장례식을 치르면서 확실히 알게 되었다. 어머니와 여동생은 거의 실신할 정도로 눈물을 흘렸는데 그는 울기는커녕 아무런 감정이 느껴지지 않았다.

문제는 그 뒤 점점 심해졌다. 직장에서 맡은 일이 잘되지 않으면서 스트레스를 심하게 받았는데 정작 본인은 크게 힘들지 않은 듯했다. 큰 계약 건이 꺼졌을 때도 민성 씨의 표정은 변화가 없었다. 다만 몸이 많이 아프기 시작했다. 이유 없이 전신 통증이 심해지고 배가 아픈 적도 많았다. 두통으로 회사를 못 간 적도 있었다. 별별 검사를 다 해보았지만 병증은 잡지 못했다. 그러면서도 본인은 정작 어디가 힘든지를 잘 말하지 않았고 심지어 정확히 어디가 불편한지도 이야기하기 어려워했다.

주변 사람들도 처음에는 과묵해 보인다고 하다가 점점 답답해했다. 속마음을 이야기해보라고 수도 없이 말했지만 그 역시 자기 속마음이 어떤지 알 수 없었다. 그야말로 아무런 감정도 느껴지지 않았다. 그의 몸은 점점 아파만 갈 뿐이었다. 마음의 고통을 마음으로는 느끼지 못하고 몸으로 전환되어 나타나는 '신체화' 상태가 되어버렸다.

지혜로운 사람이 다른 사람을 대하는 방식

정신과 의사가 갖추어야 할 덕목에는 여러 가지가 있겠지만 아마 가장 중요한 것이 공감 능력일 것이다. 마음에 고통이 있다는 것을 알아주고 그 마음이 어떻다는 것을 이해하려고 하는 것이 치료의 시작이고 근본이다. 그러나 의대에 가기 위해 감성보다는 이성을 키워온 의사들의 특성상 공감이 쉽지 않은 경우가 많다. 그래서 공감력을 키우고자 공부를 하고 훈련도 한다.

모든 환자는 의사가 자신의 아픔에 공감해주기를 원한다. 마음이 아파 정신과에 방문한 것이니 당연하다. 그래서 애를 쓰지만 하루에 죽고 싶은 사람을 열 명, 스무 명 만나다 보면 매번 같이 아파해주기는 쉽지 않다.

올 때마다 너무 힘들다고 이제는 정말 끝내고 싶다고 하던 환자가 있었다. 처음에는 그 환자에게 공감을 하며 많은 이야기를 나누었는데 언젠가부터 건성으로 대답을 하게 된 것 같다. 그 환자가 발길을 끊은 것도 모르고 있다가 나중에 그가 자살로 생을 마무리했다며 가족이 보험 문제를 처리하러 왔을 때야 그렇게 된 줄 알았다. '내가 공감을 조금이라도 더 했다면, 아프다는 것에 조금이라도 더 귀를 기울여주었다면 귀한 생명을 잃지 않을 수도 있었을

텐데' 하는 죄책감에 많이 시달렸다.

공감을 원하는 사람들은 상대가 자신의 마음에 진정으로 공감하는가에 예민해진다. 정신과 의사조차도 공감하고 있지 못한다는 사실에 얼마나 힘들었을지 생각해보면 정말 가슴이 아프다.

우리는 어려서부터 판단 훈련을 한다. 초등학교에 들어가면서부터 시험을 보고 '맞았다, 틀렸다'를 평가받는다. 그러다 보니 뭐든지 '맞고 틀리고'를 결정하고자 한다. 이것이 버릇이 되어서 사람도 '맞고 틀리고'가 있다고 생각한다. 맞는 사람, 틀린 사람이 어디 있겠는가. 이런 판단을 줄이고 사람 자체를 인정하고 수용하는 것은 너무 어려운 일이지만 지혜로워지기 위해서는 반드시 넘어야 할 관문이다.

원래 인간은 항상 남에게 인정받고 싶어한다. 심하게 말하면 우리는 모두 인정 중독자다. 이것은 우리가 양육되면서 모든 것을 인정받고자 했기 때문일 것이다. 걸으면 박수를 받고, 말을 하기 시작하면 칭찬을 받았기 때문에 그렇게 된 것일 수 있다.

그래서 남의 인정을 받기 원하면서도 남을 인정하는 것은 오히려 너무 어려워한다. 지혜로운 사람들은 남에게 인정받는 것은 그리 원하지 않으면서도 남을 잘 인정한다. 그러면 사는 것이 참 좋아진다. 우리는 어떤가? 남에게 인정받고자 갈구하면서 남을 잘 인정 못하지 않는가? 사는 것이 빡빡해질 수밖에 없는 이유다.

판단은 수용과 인정의 적이다. 판단하지 않고 선입견 없이 다른 사람의 말을 들어주고, 어떻게 해서든지 받아들이려고 하고, 자기 머릿속에 정한 답을 기준으로 맞고 틀리고를 결정하지 않고, 상대의 이야기를 다 들어주고, 그 사람이 독특한 한 인격체라는 것을 인정할 때 진정한 수용이 시작될 수 있다.

최근 정신심리치료에서는 수용과 인정을 합친 수인화 또는 타당화가 모든 치료의 근본이라고 말한다. 즉 아무리 이해할 수 없는 말을 하고 생각하고 감정을 느끼고 행동을 하는 경우라도 이야기를 잘 들어보면 그 사람이 살아온 삶의 맥락에서는 그럴 수 있는 일이고 이해될 수 있다. 이렇게 그 사람이 그렇게 느끼고 생각하는 것이 타당하다는 것을 인정하고 존중한다면 치료가 되기 시작한다는 것이다.

사람이 너무 싫거나, 반대로 너무 좋은 것, 너무 화를 내고, 너무 감정이 없고, 너무 불안하고, 너무 인정이 없는 것 등 어떠한 상태일지라도 그 사람이 그런 체질과 환경 속에서 살아왔다면 그럴 수 있다는 것을 인정하고 수용할 때 참 치료가 시작된다. 또 아무리 이상한 행동을 보일지라도 특정한 상황에서는 그럴 수 있는 정상적인 반응이라고 받아들일 때 치유가 일어난다. 이처럼 사람은 사람에게 받아들여지고, 그럴 수 있다고 존중받을 때 회복된다. 지혜로운 사람은 이런 방식으로 사람을 대할 수 있다.

공감과 수용을 높이는 7가지 연습

1. 타인의 감정 인식하기

남과 공감을 하지 못하는 상태는 크게 두 가지 덩어리가 있다. 한 덩어리는 이른바 '사이코패스'라는 반사회적 인격에 속하는 사람들이다. 남의 고통이나 일반적인 규칙 같은 것은 아랑곳하지 않는다. 심각한 범죄를 저지를 수도 있고 죄책감도 느끼지 않는다. 엽기적인 범죄가 나왔을 때 매스컴에 도배가 되기도 하고 영화의 소재로도 많이 나와서 사이코패스는 이제 익숙해진 용어가 되었다.

다른 한 덩어리는 이른바 '자폐증'이라는 발달장애에서 나타나는 현상이다. 사회관계나 남이 일종의 사물, 즉 물건 같은 대상이기 때문에 다른 사람과 인간적인 교류가 어렵다. 심한 자폐증은 사회에서 제대로 생활하기 어려운 경우가 많아서 통상적으로 잘 접할 수 없기는 하지만, 고기능 자폐라며 '아스퍼거증후군' 환자라고 불린 일부 사람들은 지능도 좋은 편이고 어느 정도의 일상생활도 가능하기 대문에 사회 생활을 하면서도 종종 만날 수가 있다. 이들은 마음에 악의가 있는 것이 아니라 그냥 다른 사람의 마음을 읽기가 어렵고 그 이전에 별로 알고 싶어하지도 않는다. 이 정도까지 심하지는 않더라도 이런 성향을 가지고 있는 사람들이 있다. 심한 사이코패스나 자폐증이 아닌데 남의 마음에 공감하지 못하는 사람들은 공감에 대한 훈련을 지속적으로 하면 효과를 볼 수 있다.

영화를 보면서 주인공이 어떤 마음일지 알아보는 훈련이 꽤 효과적이다. '내가 저 사람이면 어떨까', '저 사람은 어떤 기분이 들까', '감정은 어떨까' 추측해본다. 주인공과 대화를 나누는 사람이 있다면 그 사람의 마음은 어떨 것인지 생각해본다.

소설을 읽으면서도 그런 연습을 해본다. 조금 익숙해지면 실생활에서도 해볼 만하다. 가족의 마음은 어떨 것인지, 친구들은 어떨지, 직장 동료, 후배, 선배, 사장님의 마음은 어떨지 추측해본다. 심지어 강아지나 고양이의 마음은 어떨 것인지 생각해보는 것도 효과가 있다.

좀 더 익숙해지면 약간 고난이도의 기술이 필요한 훈련으로 옮겨간다. 상대방과 대화를 하면서 '내가 이렇게 말한 다음에 상대방이 무엇이라고 말할 것인지' 미리 예측해보는 것이다. 다 맞출 수는 없다. 그러나 열 마디 중에서 세 마디를 맞혔다면 3할의 확률이 있는 것이다. 타율을 어떻게 하면 더 높일 수 있을지 실습을 반복하면서 계속해보자.

2. 행동 관찰을 통한 타인의 감정 추정하기

상대의 감정을 알기 위해서는 말뿐 아니라 비언어적 행동에 주의를 기울여야 한다. 상대방의 몸짓, 눈빛, 손짓, 입 모양, 앉은 자세가 무엇을 말하는지 생각해보라. 단순히 입으로 말하고 있는 것뿐만 아니라 그 맥락, 그 순간의 감정을 알아채고자 애써본다.

내 생각은 멈추고 상대방이 하고 있는 말에만 온전히 주의를 기울여보자. 뭐라고 조언할 생각을 하지 말고 모든 말에 반응하지는 마라. 다만 분명히 듣고 있다는 생각이 들도록 간혹 반응해주어야 한다. 그냥 알아차리려고만 하면 자칫 관계가 깨어지기 쉬우니 조심해야 한다.

3. 언어 고치기

공감을 절대로 할 수 없게 하는 말이 있다. 다음에 제시한 말을 쓴다는 것은 나는 공감하지 않겠다는 것과 같다. 자신이 이런 말을 쓰는지 확인해보고 당신의 어휘 사전에서 오늘 다 삭제해버려라.

- 충고

"야, 그게 말이 되냐? 이렇게 해."

- 반박

"당신 말은 틀렸어요. 그건 말이 안 돼요."

- 기죽이기

"그런 식으로 해서 될까요?"

- 회피

"난 모르겠다. 네가 알아서 해라."

- 추궁

"꼭 그렇게밖에 못 하겠어?"

- 헐뜯기

"네가 생각해낸 방법이 고작 그거니. 왜 그 모양이야."

- 빈정대기

"혹시 아냐, 소가 뒷걸음치다가 쥐 잡을지. 한번 해봐."

- 무시

"야, 네가 언제 뭘 제대로 한 적이 있냐?"

- 비난

"넌 항상 이 모양이야. 너 때문에 일을 완전히 망쳤잖아."

4. 명상을 통한 수용하기

앞에서 시도했던 마음챙김 명상에서 호흡을 알아차리고 다시 호흡으로 돌아가는 것을 연습했다면, 내 마음에 알아나는 현상을 받아들이는 연습을 하는 데에도 쓸 수 있다. 어떤 생각을 하고 있는지, 또 그 생각이 어떻게 흘러가는지 그대로 두고 보면 된다. 흘러가는 생각에 마음을 두고 좋은 생각이든, 바람직한 생각이든, 원하지 않는 생각이든 그대로 놓아두라. 나는 내 생각을 관찰하는 사람이다. 그 외에는 아무것도 필요하지 않다. 그냥 생각을 바라보는 것으로 충분하다.

다음은 생각에서 감정으로 마음을 옮겨보자. 감정도 생각처럼 늘 변한다. 어떤 감정이라도 괜찮다. 좋은 감정, 나쁜 감정, 싫은 감정이라는 것은 그 감정에 대한 당신의 판단에 불과하다. 화가 나면 화가 나는 대로, 불안하면 불안한 대로, 슬프면 슬픈 대로 그 감정을 그대로 놓아두고 그냥 그런 감정을 가지고 있다는 것을 관찰하면 된다. 감정이 커지면 커지는 대로 바라보고, 작아지면 작아지는 대로 바라보면 된다. 알아차린 감정을 가지고 마음챙김을 하는 것이다.

감정에 대한 평가는 내 생각과 내 판단에 지나지 않는다. 감정을 그냥 놓아두면 된다. 자기 감정을 관찰하는 사람이 되는 것이다. 감정에 지배되는 것이 아니라 감정을 바라보는 사람이 된다. 감정이 어떤 식으로 달려왔다가 어떻게 지나가는지 바라본다.

충분히 감정을 봤으면 이제 호흡으로 다시 마음을 둔다. 숨을 쉬면서 숨이 어떻게 들어오고 나가는지를 보며 중간중간 특별한 감각이 느껴진다면 그 감각을 알아차리고 다시 호흡으로 돌아온다. 그때 어떤 생각이 든다면 그 생각을 알아차리고 다시 호흡으로 돌아온다. 그때 어떤 감정이 들어온다면 다시 감정을 알아차리고 호흡으로 돌아온다. 그냥 이 순간에 있는 경험을 알아차리고 호흡에 마음을 둔다.

　이 상태에서 내 주변에 있는 것을 오감을 통해 알아차린다. 소리가 들리면 그 소리를 알아차린다. 느낌이 있으면 느낌을 알아차린다. 감촉이 있으면 감촉을 알아차린다. 공기가 느껴지고 온도가 느껴지면 그대로 알아차린다. 이 방에 앉아 있는 자신의 모습을 알아차린다. 이 주변에 무엇이 있는지 알아차린다. 알아차리고 있는 자신을 알아차린다. 이렇게 천천히 현실의 자신으로 돌아와서 자신을 알아차린다. 그리고 나서 천천히 눈을 떠본다.

　이러한 간단한 알아차림 명상 과정을 통해서 어떤 생각을 하는지, 또 어떤 감정을 가지는지 알아볼 수 있다. 그러면서 그런 감정에 지배당하지 않고 감정이 왔다가 지나갈 수 있다는 것을 배울 수 있다. 또 강한 감정이 자신을 지배하더라도 그냥 놓아두면서 감정에 휩싸이지 않고 감정에 지배당하지 않고 현실로 돌아오는 것, 지금 바로 여기에 있는 자신의 삶을 찾을 수 있다. 이것은 단순히 감정을 피하라는 것이 아니다. 감정 자체와 떨어져서 감정이 자신의 일부이고, 감정은 왔다가 가는 것이라는 사실을 알아차리는 훈련이다.

　하루에 이런 명상을 적어도 10분씩이라도 할 수 있다면 감정에 지배당하는 일을 많이 해결할 수 있다. 부처님은 그 시절에 했던 모든 고행과 전통적인 명상에서도 자신의 마음에서 벗어나지 못했다. 그러다가 전통적으로 '위빠사나 Vipassanā'라고 불렸고 지금은 '마음챙김', '알아차림 명상'이라고 일컫는 이 명상법을 통해서 자신의 마음에서 빠져나올 수 있다는 사실을 알아냈다.

많이 알려진 것처럼 이러한 명상은 불교 전통으로만 있는 것은 아니다. 기독교인이라면 하나님에 대해 반복적으로 깊게 생각하는 묵상도 훌륭한 명상이다.

5. 좋아하는 것 찾아내기

나는 노란색 꽃이 좋다. 꽃이라는 것이 참 좋지만 특히 산수유가 흐드러지게 핀 것이 참 예쁘다. 노랗게 금빛으로 새봄을 물들이는 산수유 꽃을 봤을 때 다른 꽃과 다른 감동을 받았다. 산수유 꽃을 좋아하는 사람은 벚꽃의 분홍색을 좋아하는 사람과는 다를 것이다. 나는 나뭇동이 흰 자작나무가 좋다. 그 생김도 좋지만 나무 껍질이 하얗고 윤이 나며 종이처럼 얇게 벗겨지는데, 결혼식의 '화촉華燭을 밝힌다'고 할 때 그 화촉이 바로 자작나무 껍질이라는 사연을 알고 나서는 더 좋아졌다.

이렇게 좋아하는 꽃이나 나무가 있으면 3월이면 구례의 산수유

마을로 달려가고 싶고, 눈이 내리면 흰눈이 덮힌 강원도의 자작나무 숲이 그립다. 꽃, 나무, 동물, 동네, 맛 등 내가 무엇을 좋아하는지 살펴보는 것은 자신의 마음을 알아보는 데 도움이 된다. 특히 우리 시대의 어른들은 자신이 좋아하는 일이 아니라 해야 하는 일을 했기 때문에 정작 자신이 무엇을 좋아하는지 알지 못하는 사람이 많다.

  자신이 좋아하는 것을 알지 못하는 사람이 자신의 마음을 있는 그대로 받아들이는 것은 불가능하다. 자신이 좋아하는 것을 찾아냈다면 다른 사람이 좋아하는 것을 찾아보는 것으로 옮겨간다. 우선 가까이 있는 가족이 좋아하는 것, 음식, 꽃, 간식을 찾아본다. 또 직장 등 주변으로 넓혀가면서 그들이 좋아하는 것을 찾아본다. 좋아하는 것을 찾다보면 정말 그들의 마음이 어떤지를 잘 알 수 있게 된다.

6. 협조하기

  지금까지 모든 방법을 동원해서 타인과 자신을 공감하고 수용하려고 애써봤다. 그러나 솔직히 남들과 진정하게 공감하는 것이 가능할까? 자신과도 공감하고 수용한다는 것은 쉽지 않다. 남이든 자신이든 마음을 아는 것조차 쉽지 않은데 그것을 공감하고 받아들인다는 것은 거의 불가능에 가까운 일임을 인정한다.

그럴 때 쓸 수 있는 방법이 바로 협조의 마음을 가지는 것이다. 공감과 수용은 못하더라도 협조하고 돕겠다는 마음을 가져보는 것이다. 남이든 내 자신이든 협조하겠다는 마음을 갖고 공감할 수 없더라도 우선 도와보자. 그 사람을, 또는 나 자신을 돕겠다고 하고 실제로 도우려 하면 크게 공감하거나 받아들이지 못해도 실제로는 같은 효과를 낼 수 있다.

7. 사랑하기

연애를 처음 시작할 때를 기억하는가? 괜히 그 사람이 좋고, 설레고 가슴 두근거릴 때는 그 사람이 무엇을 해도 예쁘고 좋아 보인다. 심지어는 코를 후비는 모습도 마음에 들고 입을 벌리고 자거나 코를 골아도 사랑스럽다. 어떠한 모습도 받아들일 수 있다.

사랑이 식어가고 권태기가 오면 숨만 쉬어도 살만 닿아도 싫다고 한다. 사랑하지 않으면 아무것도 받아들일 수 없다. 사람뿐 아니라 개도 고양이도 사랑하면 다 받아들여진다. 수용과 공감을 위한 가장 기본적이고 효과적인 방법은 사랑하는 것이다. 어떤 것이든지 사랑할 수 있다면 그것도 지혜가 될 수 있다.

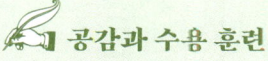 공감과 수용 훈련

◎ 다른 사람의 마음을 알고 수용하고 인정하는 것이 지혜다.
◎ 우리 자신의 마음조차도 모르고 지내왔다. 나를 잘 들여다보고 나의 마음과 감정을 있는 그대로 수용하고 인정하라.

1. 타인의 감정 인식하기: 다른 사람의 마음이 어떨 것인지 맞추는 확률을 최대한 높여보자.
2. 행동 관찰을 통한 타인의 감정 추정하기: 행동만 보고 그 사람의 감정을 알아내는 훈련을 지속한다.
3. 언어 고치기: 공감을 확 떨어뜨리는 말이 있다. 이것만 피해도 중간은 간다. 내 언어 사용 목록에서 이 말들을 삭제하자.
4. 명상을 통한 수용하기: 명상을 하면서 생각이든, 감정이든 다 지나갈 수 있다는 것을 알아차리자.
5. 좋아하는 것 찾아내기: 공감하기 위해서는 자신이 좋아하는 것을 알아내고 남에게까지 확장해본다.
6. 협조하기: 진정으로 공감하고 수용하기 어렵다면 그냥 협조하고 돕겠다는 마음만 가져라. 결과물은 비슷할 수 있다.
7. 사랑하기: 사랑하면 다 받아들일 수 있다. 사랑이 지혜다.

삶의 어려운 순간 순간에 지금까지 익혀온 지혜의 구성 요소를 써보자.
이 모든 것이 익숙해진다면 그것이 지혜로운 삶이다.

지혜의 일곱 가지 원리는 각자의 원리 하나하나가 작동할 수도 있지만 두 개, 세 개 혹은 여러 가지가 한꺼번에 작동할 수도 있다. 어떤 상황을 만나든 모든 요소가 다 작동한다면 우리가 더 지혜로워질 것은 분명하다.

살다보면 일상에서 경험하는 가벼운 스트레스를 넘어 끔찍하고 도저히 감당할 수 없는 일을 겪을 수도 있다. 이럴 때는 한 가지 지혜로는 문제를 해결하기 어렵고 내가 가진 모든 역량을 발휘해도 이 고난을 넘기가 쉽지 않다.

◎ 미자 씨는 평생 남편만 바라보고 살았다. 남편은 좋은 사람이었다. 아내에게 다정하고 아이들에게 좋은 아버지였다. 그런 남편과 사

는 삶은 꽤 괜찮았다. 경제적인 어려움도 없었고 자녀들도 잘 성장해 주어서 참 행복했다. 그런데 어느 날 남편이 간암 선고를 받았다. 몸이 급격하게 쇠약해지더니 움직임조차 어려워지고 대소변도 스스로 가리기 어려울 정도가 되었다. 힘들게 간병을 하는 미자 씨에게, 남편이 할 말이 있단다. 죽어가는 마당인데 무엇이든지 말하라고 했더니 한참을 망설이다가 입을 열었다. 사랑하는 여자가 있단다. 미자 씨는 망치로 머리를 맞은 듯했다. 머리가 하얘지고 아무런 말도 할 수 없었다. 몇 년을 만났는데 이제 죽게 되었으니 그 사람이 옆에서 간병을 해주었으면 좋겠단다. 아내인 당신도 물론 사랑하지만 죽는 마당에 더 이상 스스로를 속일 수 없고 솔직해지고 싶다며 전화번호를 주면서 그 여자에게 연락해달라고 한다.

어떻게 해야 하나? 욕을 하고 건네받은 전화번호를 발기발기 찢어버려야 하나. 속에서 미칠 것 같지만 전화를 해주고 그 여자가 와서 간병하는 꼴을 보다가 남편을 보내야 하나. 어떤 선택을 해도 평생 한이 씻길 것 같지가 않다.

◎ 지영 씨는 일찍이 남편을 여의고 아들 지훈이를 키우면서 살고 있었다. 아들이 삶의 보람이고 희망이었다. 지훈이랑 같이 있으면 남편

과 있는 것처럼 든든했고 좋은 성적을 받아오면 뿌듯하고 행복했다. 여자 혼자 생계를 유지하는 것이 쉽지 않았지만 아들만 생각하면 다음이 꽉 차오르고 든든했다. 이런 행복은 한 순간에 멈추었다. 지훈이가 친구 명석이가 운전하는 오토바이를 타고 놀러 나갔다가 교통사고가 났다. 명석이는 다리를 다친 정도였지만 헬멧도 쓰지 않고 뒤에 탔던 지훈이는 솟구쳐 올랐다가 떨어지면서 현장에서 즉사했다. 지영 씨의 모든 꿈이 산산조각이 났다.

어떻게 해야 하나? 문상을 온 명석이 부모에게 지훈이를 살려 놓으라고, 내 삶의 모든 것을 가져 갔으니 어떻게 할 것이냐고 난리를 쳐야 하나. 병실에 누워 있는 명석이에게 달려가서 멱살이라도 잡고 흔들어야 하나. 혼자서 사는 것이 아무런 의미가 없으니 먼저 간 남편과 지훈이를 따라 생목숨이라도 끊어야 하나.

◎ 명선 씨의 남편은 사업을 했다. 사업이라는 것이 그렇듯이 돈을 벌 때는 엄청 벌었다. 남편은 너무 바빴지만 큰 집에 외제차를 타는 데 익숙해진 명선 씨는 골프도 치고 친구도 만나면서 살았다. 근래 와 사업이 어려워진 듯했지만 원래 집에서는 사업 이야기를 전혀 하지 않아서 그러려니 했다. 느닷없이 명선 씨 동생 앞으로 작은 집을 허뒀

으니 가지고 있으라고 등기 문서를 줄 때까지도 별일도 다 있다 했지만 이상한 낌새를 채지 못했다.

그러던 어느 날 경찰에서 연락이 왔다. 남편이 한강에서 투신 자살을 했다는 것이다. "너무 미안해, 아이들 잘 부탁해"라는 유서 같지도 않은 메모 한 장 남겨놓고 그렇게 남편은 떠났다. 부도난 사업과 은행에 담보로 들어간 재산 하나도 건지지 못하고 명선 씨 동생 명의로 해 놓았다는 작은 집으로 그 큰 세간을 버리고 이사를 하는 동안에도 명선 씨는 울지도 못하고 그냥 멍할 뿐이었다.

어떻게 해야 하나? 다 망해버리고 갈 집이라도 하나 있어야 한다고 마련한 것을 보면 준비한 것인데 아무런 말도 하지 않고 가버린 남편이 너무 밉다. 아이들을 어떻게 키워야 할지 망연자실하다. 그냥 따라 죽어서 지옥이든 천당이든 쫓아가 고래고래 소리라도 질러야 속이 편할 것 같다.

◎ 윤주 씨는 자식 교육에 신경을 많이 쓰는 편이다. 세상에서 경쟁력이 있으려면 공부를 잘하는 것밖에는 없다고 굳게 믿었다. 아이를 좀 독하다시피 다그쳤고 처음에는 아들도 잘 따라왔다. 과외에, 학원에, 애가 좀 힘에 부쳐하는 것 같았지만 밀어붙였다. 학교에서 적응하는

것이 어려워 보였어도 공부를 잘하게 되면 다른 애들이 함부로 못한다면서 더욱 공부어 몰아세웠다. 아이가 여러 번 무엇인가 말을 하려고는 했지만 사춘기 때는 다 그런 것이려니 하면서 이 고비만 넘기면 될 것이라고 힘껏 달렸다. 윤주 씨도 자기 삶 없이 학원에서 아이 픽업하고 새 과외팀 만들어주고 좋은 입시정보를 제공하는 것에 인생의 모든 것을 걸었다. 그러던 중 아이가 집 베란다에서 목을 맸다. "엄마, 나 너무 힘들어. 이렇게 사느니 공부하지 않아도 되는 곳에 갈 거야"라는 노트가 발견되었다. 그 뒤로 남편도 말문을 닫아버렸다. 시집에서는 아예 자식 잡아먹은 년 취급을 한다.

어떻게 해야 하나? 내가 잘되려고 한 것이 아닌데. 이렇게 어미 마음에 못을 박다니. 사춘기 자살의 대부분은 부모에게 복수를 하기 위해서라는데 그 말이 꼭 맞다. 집에 들어갈 때마다 베란다에 매달려 있던 아들의 모습이 보인다. 이대로는 살아갈 수가 없다.

살아가다 보면 우리 역시, 사소해 보이는 일상의 문제에 부딪혀 머뭇거릴 수도, 일평생 나에게는 벌어지지 않았으면 하는 사고나 사건들을 마주할 수도 있다. 그것이 삶이기도 하다. 이렇게 감당할 수 없는 일, 감당하기 어려운 일이 벌어졌을 때, 우리가 배워온 지혜의 일곱 가지 원리로 감당할 수 있을까?

1. 지식

감당하기 어려운 일을 겪었을 때 가장 필요한 것은 인생에는 어떠한 일도 일어날 수 있음을 아는 지식이다. 죽음, 사별, 배신, 이별, 그보다도 더 심한 일도 일어나는 것이 인생이고, 내 삶에도 그런 일은 얼마든지 일어날 수 있다. 외도도 자살도 사고도 일어나는 것이 삶이다.

2. 맥락주의

돈 벌어다주면 쓰던 사람에서 돈 벌어서 아이들을 양육하는 사람으로 맥락이 바뀔 수도 있다. 같이 사는 삶에서 홀로 사는 삶으로, 여유 있는 삶에서 그렇지 못한 삶으로 맥락은 늘 바뀔 수 있다. 바뀐 맥락에서는 그 맥락에 맞추어 사는 것이 삶이다.

3. 상대성

내게는 도저히 그럴 수 없는 일이 상대에게는 그럴 수 있는 일이다. 나는 그 사람만 사랑했지만 그 사람은 다른 사람을 사랑할 수도 있다. 내게는 공부가 중요했지만 아들에게는 다른 것이 중요할 수도 있다. 내게는 대화가 중요하지만 상대에게는 사업이 중요할 수도 있다. 그것이 삶이다.

4. 불확실성 견디기

한 치 앞도 모르는 삶을 감수해야 한다. 돈을 어떻게 벌지, 아이들을 어떻게 키울지, 평생 살던 집을 떠나 다른 동네에서 어떻게 살지, 단 하나도 예측할 수 없는 것, 삶은 원래 그런 것이다.

5. 장기적 시각

지금은 너무 힘들지만 아무리 힘든 것도 내 삶과 바꿀 수는 없다. 아무리 큰 고통도 결국은 내 삶 안에 있는 것이다. 지금 죽을 것 같지만 그래도 삶은 살아내야 한다. 길게 보아야 한다. 지금이라도 끝날 것 같지만 끝나지 않는 것이 삶이다.

6. 더 큰 차원을 인정하고 겸손하기

내가 잘하기만 한 것이 아닐 수도 있다. 내 잘못이 있는 부분도 있을 수 있다. 나는 아무런 문제가 없는 것 같지만 내게 전혀 상의하지 않고 이런 일이 벌어진 것을 보면 나와는 나눌 수 없는 생각이 있었다. 내가 어찌할 수 없었던 부분도 있다. 다 지나간 일인데 여기서 다른 사람에게 난리를 치고 시끄럽게 한다고 무슨 소용이 있겠는가? 이런 것이 삶인데.

어떻게 내게 이런 일이 일어나느냐고 해봐야 어쩔 수가 없다. 세상은 내가 돌리는 것이 아니다. 내가 어쩔 수 없는 큰 무엇인가가 존재한다. 그 앞에 잠잠히 있을 수밖에 없는 것이 인간이다.

7. 공감과 수용

나를 아프게 한 그 사람들의 마음을 알아봐야 한다. 그들이 왜 그런 마음을 가졌는지, 왜 그럴 수밖에 없었는지 공감해야 한다. 그런데 그것보다 훨씬 중요한 것은 정말 죽을 것 같고 깨져버린 내 마음이다. 내 마음이 얼마나 아픈지, 그 상한 마음을 어떻게 보듬을 수 있을 것인지 따듯하게 알아주어야 한다. 남과 나를 보듬을 수 있는 삶이 진짜 삶이다. 공감하기는 어려워도 어차피 일어난 일이라면 받아들여야 한다. 공감과 수용은 함께 간다.

끔찍한 일을 겪은 사람 중에 도저히 혼자서 감당할 수 없는 사람들은 정신건강 전문가의 도움을 받아야 한다. 필요에 따라서는 약도 먹고 전문치료도 받아야 한다. 그러나 어떻게 해서든지 그 순간을 넘겨야 하고, 우리가 배워온 지혜의 요소를 다 써서라도 하나 하나 회복해가면서 삶을 멈추지 않아야 한다. 일곱 가지 방법을 일흔 번씩 쓰는 한이 있더라도 그러면서 살아가는 것이 삶이다.

나이가 든다고 지혜로워지는 것이 아니라는 것은 명확하다. 물론 체력 같은 신체 능력에 비해서는 나이가 훨씬 더 들어도 유지되기는 하지만, 그냥 내버려둔다고 해서 지혜가 죽죽 성장하는 것은 아니다. 그래서 우리 삶의 목표를 보다 지혜로운 사람이 되도록 하는 것은 상당한 의미가 있다. 지금보다 나은 나, 지금보다 지혜로운 나를 만들어가는 것이 필요하다.

지맥상불장큰공

자, 이제부터는 지혜를 성장시키기 위한 숙제 시간이다. 우리는 어려서부터 학교와 숙제에 상처가 있다. 그래서 숙제라고 하면 지레 겁부터 먹고 정답지를 먼저 찾는다. 이번 숙제에는 정답이 없다. 지금까지 읽어왔던 내용과, 전에 들었던 사례들에서 어떤 지혜의 구성요소를 써서 어떻게 대처하는 것이 좋을지 스스로 생각해보는 훈련이다.

그 사람 인생이 당신 것이 아니므로 어차피 그대로 실행되지는 않을 것이다. 그러나 '나라면 어떻게 했을까', 또 '배운 것들을 제대로 쓴다면 이런 어려운 문제를 극복하고 살아갈 수 있을까'를 생각해보는 시간이다. 깊게 생각하라. 가능하면 여러 지혜 요소를 사용하면 좋다. 답은 없다. 당신이 생각한 것이 답이고 그 답이 당신의 삶 속에서 실행될 수 있도록 하면 좋다.

그 사람이 왜 그렇게 곤란한 상황에 처했는지 생각해보고, 당신이 그 사람이라면 어떻게 지혜로운 선택을 할지 생각해보라. 모든 학습이 그렇듯이, 되도록 각 사례 아래 당신의 의견을 적어보면 더 효과적일 것이다. 숙제 시간이니 일곱 가지 지혜의 요소를 외우고 시작하면 좋겠다. 외우지 않아도 되지만, 외우고 시작하면 나름대로 지혜에 더 접근한 것 같아 자존감을 올라갈 것이다.
  우선 지혜의 7요소 키워드는 아래와 같다.

지식
맥락주의
상대성
불확실성 감내
장기적 시각

큰 것 인정을 통한 결손과 평온

공감과 수용

각 항목의 첫 글자만 떼어서 합치면 '**지맥상불장큰공**'이다. 오래 기억하기 위해 문장으로 만들어본다.

"**지맥**을 보니 **상**당히 **불**확실했지만 **장**기간 봤더니 **큰 공**이 보이더라."

의미가 있는 순서는 아니지만 이렇게 외우면 순서를 틀리지 않고 쉽게 외울 수 있다. 다음 사례들에서 '지맥상불장큰공'을 이용할 수 있는지 정리해보자. 우선 3장의 원리 3에 나왔던 사례로 예시를 들어보겠다.

게임을 더 하고 싶어하는 민수와 게임 중독이 될까 봐 걱정하는 엄마(78쪽)

지: 아이들은 다 게임을 많이 한다. 우리 민수만 더 하는 것은 아니다. 친구들은 얼마나 하는지 먼저 알아보자.

맥: 이 시기는 게임을 할 때다. 회사원인 아들이 모든 일을 접어두고 게임에만 몰입하고 있는 것보다는 훨씬 덜 걱정할 일이다. 아이는 게임

할 맥락에 있다.

상: 민수는 나름대로 이유가 있고 게임을 어떻게 할 것인지 생각이 있었다. 그것을 나누어보지 않고 밀어붙인 것이다. 민수는 민수대로 이유가 있고 엄마는 엄마대로 상황이 있었던 것이다. 다른 것이니 문제로 보지 말고 나누어보면 된다.

불: 게임만 하는 민수의 미래가 너무 걱정된다. 게임을 하지 않고 공부만 하는 아이의 미래도 불확실한 것은 마찬가지다. 괜히 사이가 나빠져서 서로 안 보는 사이가 되지 말고 미래에 대해서 아무것도 모르는데 걱정만 하지는 말자.

장: 아이는 이제 중학생이다. 인생은 생각보다 길다. 중학생 때 게임 좀 했다고 아이의 인생이 망가지는 것은 아니다.

큰: 내 배 아파서 낳은 내 자식이기는 하지만 아이를 내가 마음대로 좌지우지할 수는 없다. 지금 중학생인데도 자아가 펄펄 살아서 저렇게 말을 안 듣는데 앞으로야 점점 더 하지 않을까. 나로서는 어떻게 할 수 없다. 기도나 해야겠다. 아이의 인생 전체를 내가 책임질 수는 없다.

공: 지난주에 게임을 전혀 못해서 하고 싶었던 민수의 마음, 끝내려고 했는데 레벨 올리려고 엄마 말 안 듣고 더 하느라고 초조했던 마음, 엄마에게 야단맞고 상했던 마음을 공감하고 받아주자.

일곱 가지 원리를 조금씩 적용해봤다. 그렇다고 해서 민수가 게임을 그만두거나 엄마 마음에 딱 들게 행동하는 것은 아닐 것이다. 그러나 적어도 엄마를 원수처럼 생각하거나 사이가 나빠지지는 않았다. 중학생 아이에게 더 이상 무엇을 바라겠는가. 그 정도면 충분하다. 이렇게 생각할 수 있는 것도 지혜이기는 하다.

이제는 연습문제가 아닌 본 문제를 풀어보자.

회사에서 개념 없이 자기 마음대로 하다가 잘린 진구 씨(143쪽)

지 :

맥 :

상 :

불 :

장 :

큰 :

공 :

회사 일을 우선순위로 두었지만 가족과의 관계가 소원해진 병석 씨(144쪽)

지 :

맥 :

상 :

불 :

장 :

큰:

공:

자녀 있는 남자와 결혼하고 모든 것을 혼자서 감당하려던 진숙 씨(162쪽)

지:

맥:

상:

불:

장:

큰:

공 :

의대를 그만두고 설치 미술을 하러 가겠다고 우기는 아들을 둔 김 원장 (181쪽)

지 :

맥 :

상 :

불 :

장 :

큰 :

공:

동기에게 공을 뺏기고 찬밥 신세로 밀려 사표를 낸 장 부장(192쪽)

지 :

맥 :

상 :

불 :

장 :

큰 :

공 :

교통사고로 대단한 자기 인생이 무너졌다는 창우 씨(205쪽)

지 :

맥 :

상 :

불 :

장 :

큰 :

공 :

추진력은 넘치지만 팀원들과 공감하지 못하는 박 부장(218쪽)

지 :

맥 :

상 :

불 :

장 :

큰 :

공 :

어떤가?

어떤 상황에서는 일곱 가지 요소를 적절하게 사용해 어느 정도 풀린 것도 있고 미처 다 쓰기 전에 풀린 것도 있을 것이다. 어떤 경우에는 정말 모든 원리를 다 동원했지만 풀리지 않은 것도 있을 수 있다.

이 숙제를 마친 다음 마지막으로 제일 중요한 것은 스스로 완전히 지혜로운 사람인 양 하지 않아야 한다. 인간은 불완전한 존재이고, 그것을 인정하고 수용하는 것보다 더 중요한 가치는 없다.

일곱 가지 요소를 전부 사용해도 인생에서 안 풀리는 문제는 반드시 있다. 다만 그래도 괜찮다. 자신이 불완전하다는 것을 인정하고, 내 힘으로 해결되지 않는 문제도 있다는 것을 인정한다면 그만큼 지혜는 성장한 것이다.

이럴 때 쓸 수 있는 좋은 말이 있다. 우리는 '아직도'라는 말을 많이 쓴다. 예를 들면 "아직도 다 못했니?", "아직도 그 모양이야!"라고 한다. 여기서 '도'만 빼고 '아직'이라는 말을 자주 써보라.

"나는 아직 충분히 지혜로워지지 않았어."

"나는 아직 다 풀지 못했어."

이 말은 비록 지금은 다 풀지 못했지만 앞으로는 다 풀어나갈 수 있다는 훌륭한 미래진행형 어휘다. '아직도'라는 말로 자신을 괴롭히지 말고, '아직' 다 하지 못한 것이라는 마음으로 미래를 향해 나아가자.

===== 맺음말 =====

인생의 문제를 해결하는
지혜의 힘

짧지 않은 여정을 함께해준 독자들께 감사드린다. 특히 바로 앞 장의 숙제를 잘 해주신 분들에게 특히 감사드린다. 누구나 숙제를 싫어하지만 그래도 숙제를 충실히 한 사람이 성적이 좋다는 만고의 진리는 확실하다. 머리말에서 말한 바와 같이 이 책을 읽었다고 해서 현인이 되거나 세상의 모든 지혜를 깨우친 것은 아닐 것이다. 그러나 책을 읽기 시작했을 때보다는 분명히 조금이라도 지혜로워졌을 것이다. 세상의 어려운 문제들은 지혜로만 풀 수 있다. 그러나 풀리지 않는 문제도 당연히 있다. 이유는 지혜가 세상의 풀기 어려운 문제를 '푸는' 능력이 아니라 세상의 풀기 어려운 문제를 '대처하는' 능력이기 때문이다.

지혜는 인간이 보일 수 있는 최적의 행동 형태다. 최적의 행동을 선택하지 못하는 사람이 많아서 세상 사는 것이 힘들어졌다. 홧김에, 감정적이 되어서, 알지 못해서, 참지 못해서, 겸손하지 않아서, 견디지 못해서, 엉뚱해서, 내 생각만 해서……. 수많은 이유로 지혜로운 선택을 하지 못한다. 이 책을 통해서 익힌 지혜의 원리대로 행동하는 사람이 많아진다면 세상은 정말 괜찮아질 것이다. 어려운 일을 만날 때마다 "지맥을 보니 상당히 불확실했지만 장기간 봤더니 큰 공이 보이더라"를 외우면서 대처하면 좋겠다.

여러 번 반복했지만 마지막으로 지혜에 대해서 정리해보자.

첫째, 인생을 살다보면 해결할 수 없는 어려운 문제를 겪을 수밖에 없다.

둘째, 인간이 절대적인 진리를 아는 것은 어렵고 지식은 늘 불확실하다.

셋째, 인간이 불확실한 상황에 당면했을 때 건전하고 실행 가능한 판단을 내리는 것이 지혜다.

인생을 살다보면 고통을 피할 수 없다. 고통과 고난은 삶의 필수적인 부산물이다. 그렇다면 그 고통을 대하는 우리의 자세가 모든 것을 결정한다그 보면 된다. 이때 우리가 할 수 있는 일은 오직 지혜를 발휘하는 것뿐이다. 지혜는 인류가 할 수 있는 최고의 수행 능력이다. 인간의 지식이 발전해서 도달할 수 있는 최종 상태라고도 볼 수 있다. 고통과 고난 속에서 유일하게 사람이 제대로 할 수 있는 일이 지혜를 발휘하는 것이다.

나는 교육을 확 바꿀 기회가 있다면, 모든 배움이 원칙적으로 지혜를 키우는 데 역량을 집중해야 한다고 본다. 점차 인공지능 시대로 들어가면서 계산 같은 것은 기계가 사람보다 훨씬 잘하는 시대가 분명히 열렸다. 그러나 기계가 절대로 따라올 수 없는 것이 지혜의 차원이다. 그래서 학교에서는 지혜를 가르쳐 우리 아이들이 삶의 운용술에 대한 지식이 늘어나고, 삶의 맥락을 잘 짚어내며, 세상 모든 것을 상대적으로 보고, 불확실함을 견디고, 장기적인 시각을 가지고 살며, 겸손하고 조용하며 자신보다 더 큰 것이 있다는 것을 알고, 남과 자신의 감정에 공감하고 자기 자신을 잘 인정하고 살아갈 수 있게 해야 한다고 믿는다. 안타깝게도 우리의 학교는 이런 것을 가르치지 않는다. 오히려 학교에서는 관계에 상처를 받고 지혜와 반대되는 것만 잔뜩 배워간다. 이제 우리 교육도 지혜에 역량을 기울이는 쪽으로 바뀌기를 기대해본다.

그동안 뜻을 같이하는 몇몇 사람들과 함께 옵티미스트클럽(optimistclub.co.kr)과 긍정학교(positiveschool.co.kr)를 통해 지혜 훈련을 조금씩 해왔다. 이제 이 책을 통해서 그런 교육에 관심을 갖는 사람이 조금이라도 더 늘어나면 좋겠다. 한 명의 지혜로운 사람이 보다 더 지혜로운 사람을 만들 수 있고 세상에 지혜로운 사람이 많아질수록 우리와 우리 자녀가 살아갈 세상은 더욱 살기 좋아질 것이 분명하기 때문이다.

도대체 이런 일을 왜 하느냐고 묻는 사람들이 있다. 대답은 '그냥'이다. 이런 일을 하는 것이 좋아 그냥 해왔고, 앞으로도 할 것이다. 수십 년 작업 속에서 좋은 삶을 살 수 있는 가장 중요한 것은 뭐니 뭐니 해도 지혜로운 사람이 되는 것임을 확신하게 되었다.

마지막으로 지혜로워질 수 있는 가장 쉬운 방법을 알려드리고 싶다. 그것은 어떤 일을 만났을 때 당장 반응하지 말고 5분만 가만히 있다가 천천히 반응해보자는 것이다. 내 감정, 기분, 경험대로 그냥 내키는 대로 반응했다 후회하지 말고 이 책을 다시 한번 살펴보고 천천히만 반응한다면 지금보다는 훨씬 지혜로운 사람으로 살아갈 수 있을 것이다.

이 책을 읽은 분들이 읽기 전보다 조금이라도 지혜로운 사람이 되셨기를 바란다.

불확실한 상황 속 흔들리지 않고 나를 지키는 힘
이런 세상에서 지혜롭게 산다는 것

1판 1쇄 발행 2021년 1월 22일
1판 3쇄 발행 2025년 7월 4일

지은이 채정호
펴낸이 고병욱

펴낸곳 청림출판(주)
등록 제2023-000081호

본사 04799 서울시 성동구 아차산로17길 49 1010호 청림출판(주)
제2사옥 10881 경기도 파주시 회동길 173 청림아트스페이스
전화 02-546-4341 **팩스** 02-546-8053

홈페이지 www.chungrim.com **이메일** cr1@chungrim.com
인스타그램 @chungrimbooks **블로그** blog.naver.com/chungrimpub
페이스북 www.facebook.com/chungrimpub

ⓒ 채정호, 2021

ISBN 978-89-352-1339-9 03180

※ 이 책은 저작권법에 따라 보호를 받는 저작물이므로 무단 전재와 무단 복제를 금지합니다.
※ 책값은 뒤표지에 있습니다. 잘못된 책은 구입하신 서점에서 바꾸어 드립니다.
※ 청림출판은 청림출판(주)의 경제경영 브랜드입니다.